やりきれるから自信

JN051975

✓ 1日1枚の勉強で，学習習慣が定着！

◎目標時間にあわせ，無理のない量の問題数で構成されているので，「1日1枚」やりきることができます。

◎解説が丁寧なので，まだ学校で習っていない内容でも勉強を進めることができます。

✓ すべての学習の土台となる「基礎力」が身につく！

◎スモールステップで構成され，1冊の中でも繰り返し練習していくので，確実に「基礎力」を身につけることができます。「基礎」が身につくことで，発展的な内容に進むことができるのです。

◎教科書に沿っているので，授業の進度に合わせて使うこともできます。

✓ 勉強管理アプリの活用で，楽しく勉強できる！

◎設定した勉強時間にアラームが鳴るので，学習習慣がしっかりと身につきます。

◎時間や点数などを登録していくと，成績がグラフ化されたり，賞状をもらえたりするので，達成感を得られます。

◎勉強をがんばると，キャラクターとコミュニケーションを取ることができるので，日々のモチベーションが上がります。

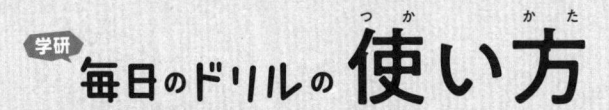

学研 毎日のドリルの 使い方

① 1日1枚, 集中して解きましょう。

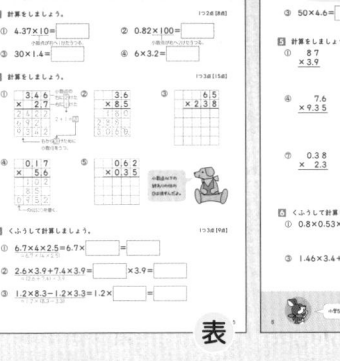

表

裏

◎1冊で, 主要教科の勉強ができます。
算数, 国語, 英語, 社会, 理科の順に並んでいます。もくじから, 勉強したい教科・内容を選んで進めましょう。

◎1回分は, 1枚（表と裏）です。
1枚ずつはがして使うこともできます。

◎目標時間を意識して解きましょう。
アプリのストップウォッチなどで, かかった時間を計るとよいです。

② 答え合わせをしましょう。

・本の最後に, 「答えとアドバイス」があります。

・答え合わせをして, 点数をつけましょう。

できなかった問題を解き直すと, より力がつくよ！

③ アプリに得点を登録しましょう。

べんきょう がんばるっきゅ～

・アプリに得点を登録すると, 成績がグラフ化されます。
・勉強すると, キャラクターが育ちます。

♪ 英語の音声再生アプリについて

英語では, 🔊マークのついた音声を聞いて答える問題があります。音声は, 専用アプリで再生することができます。

【アプリのご利用方法】

スマートフォン, またはタブレットPCから下記のURLにアクセスしてください。
https://gakken-ep.jp/extra/myotomo/

※お客様のインターネット環境および携帯端末によりアプリをご利用できない場合や, 音声をダウンロード・再生できない場合, 当社は責任を負いかねます。ご理解, ご了承いただきますよう, お願いいたします。　※アプリは無料ですが, 通信料はお客様のご負担になります。　※「毎日のドリル」勉強管理アプリとは異なるものになります。

♪毎日のドリル♪ 勉強管理アプリ

「毎日のドリル」シリーズ専用、スマートフォン・タブレットで使える無料アプリです。1つのアプリでシリーズすべてを管理でき、学習習慣が楽しく身につきます。

1 「毎日のドリル」の学習を徹底サポート!

目標時間を意識しよう!

- 毎日の勉強タイムをお知らせする「タイマー」
- かかった時間を計る「ストップウォッチ」
- 勉強した日を記録する「カレンダー」
- 入力した得点を「グラフ化」

2 キャラクターと楽しく学べる!

好きなキャラクターを選ぶことができます。勉強をがんばるとキャラクターが育ち、「ひみつ」や「ワザ」が増えます。

3 1冊終わると、ごほうびがもらえる!

ドリルが1冊終わるごとに、賞状やメダル、称号がもらえます。

これはやる気が でっろうさ!

4 漢字と英単語のゲームにチャレンジ!

ゲームで、どこでも手軽に、楽しく勉強できます。漢字は学年別、英単語はレベル別に構成されており、ドリルで勉強した内容の確認にもなります。

自己ベスト更新を目指そう!

アプリの無料ダウンロードはこちらから!

https://gakken-ep.jp/extra/maidori/

【推奨環境】
■各種Android端末：対応OS Android6.0以上
■各種iOS（iPadOS）端末：対応OS iOS10以上

※対応OSであっても、Intel CPU（x86 Atom）搭載の端末では正しく動作しない場合があります。
※対応OS や対応機種については、各ストアでご確認ください。
※お客様のネット環境および携帯端末によりアプリをご利用できない場合、当社は責任を負いかねます。また、事前の予告なく、サービスの提供を中止する場合がありますので、ご理解、ご了承いただきますよう、お願いいたします。

算数

① 小数のかけ算

1 計算をしましょう。　　　　　　　　　　　　　　　1つ2点【8点】

① $4.37 \times 10 =$ ◻

　　小数点が右へ1けたうつる。

② $0.82 \times 100 =$ ◻

　　小数点が右へ2けたうつる。

③ $30 \times 1.4 =$ ◻

④ $6 \times 3.2 =$ ◻

2 計算をしましょう。　　　　　　　　　　　　　　　1つ3点【15点】

①
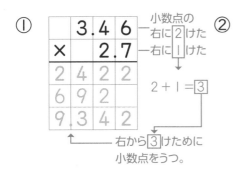

```
      3.4 6
  ×     2.7
    2 4 2 2
    6 9 2
    9.3 4 2
```
小数点の
右に2けた
右に1けた
2+1=3
右から3けために
小数点をうつ。

②
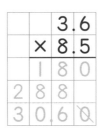
```
      3.6
  ×   8.5
      1 8 0
    2 8 8
    3 0.6 0
```

③
```
      6.5
  × 2.3 8
```

④
```
      0.1 7
  ×   5.6
      1 0 2
      8 5
    0.9 5 2
```
↑一の位に0を書く。

⑤
```
      0.6 2
  × 0.3 5
```

小数点以下の
終わりの位の
0は消すんだよ。

3 くふうして計算しましょう。　　　　　　　　　　　1つ3点【9点】

① $6.7 \times 4 \times 2.5 = 6.7 \times$ ◻ $=$ ◻

　　$= 6.7 \times (4 \times 2.5)$

② $2.6 \times 3.9 + 7.4 \times 3.9 =$ ◻ $\times 3.9 =$ ◻

　　$= (2.6 + 7.4) \times 3.9$

③ $1.2 \times 8.3 - 1.2 \times 3.3 = 1.2 \times$ ◻ $=$ ◻

　　$= 1.2 \times (8.3 - 3.3)$

4 計算をしましょう。 　　　　　　　　　　　　　　　　1つ3点【12点】

① $0.41 \times 10 =$ 　　　　　　② $27.03 \times 1000 =$

③ $50 \times 4.6 =$ 　　　　　　④ $7 \times 0.8 =$

5 計算をしましょう。 　　　　　　　　　　　　　　　　1つ4点【36点】

① $\begin{array}{r} 87 \\ \times\ 3.9 \\ \hline \end{array}$ 　　② $\begin{array}{r} 4.6 \\ \times\ 6.5 \\ \hline \end{array}$ 　　③ $\begin{array}{r} 3.85 \\ \times\ \ 4.2 \\ \hline \end{array}$

④ $\begin{array}{r} 7.6 \\ \times\ 9.35 \\ \hline \end{array}$ 　　⑤ $\begin{array}{r} 0.64 \\ \times\ \ 2.5 \\ \hline \end{array}$ 　　⑥ $\begin{array}{r} 375 \\ \times\ \ 3.2 \\ \hline \end{array}$

⑦ $\begin{array}{r} 0.38 \\ \times\ \ 2.3 \\ \hline \end{array}$ 　　⑧ $\begin{array}{r} 2.4 \\ \times\ 0.25 \\ \hline \end{array}$ 　　⑨ $\begin{array}{r} 0.16 \\ \times\ 0.75 \\ \hline \end{array}$

6 くふうして計算しましょう。 　　　　　　　　　　　1つ5点【20点】

① $0.8 \times 0.53 \times 12.5$ 　　② 98×3.5

③ $1.46 \times 3.4 + 0.54 \times 3.4$ 　　④ $2.5 \times 1.87 - 2.5 \times 1.47$

小学5年の算数が始まったね！

答え ▶ 117ページ

2 小数のわり算

1 計算をしましょう。　　　　　　　　　　　　1つ2点【4点】

① 29.3÷10=　　　　　　　　　② 41.7÷100=

小数点が左へ1けたうつる。　　　　　　　小数点が左へ2けたうつる。

2 わりきれるまで計算しましょう。　　　　　　1つ5点【10点】

①
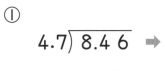

わる数とわられる数の小数点を同じけた数だけ右にうつして，わる数を整数になおして計算する。

商の小数点は，わられる数の右にうつした小数点にそろえてうつ。

②

「4.」のように小数点があるとみて，小数点を1けた右にうつす。

3 商は一の位まで求めて，あまりもだしましょう。　　1つ5点【10点】

①
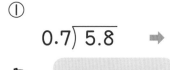
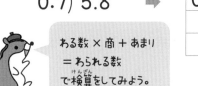
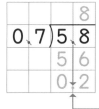

あまりの小数点は，わられる数のもとの小数点にそろえてうつ。

わる数 × 商 ＋ あまり
＝ わられる数
で検算をしてみよう。

②
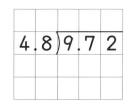

4 商は四捨五入して，上から2けたのがい数で求めましょう。　　1つ5点【10点】

①

商を上から2けたのがい数で求めるときは，上から3けためまで求めて四捨五入する。

②

7

5 計算をしましょう。 1つ3点【12点】

① $52.6 \div 10$

② $0.4 \div 10$

③ $23 \div 100$

④ $12.7 \div 1000$

6 わりきれるまで計算しましょう。 1つ6点【18点】

① $2.6 \overline{)8.8\,4}$

② $1.6 \overline{)1.3\,6}$

③ $7.2 \overline{)5\,4}$

7 商は一の位まで求めて，あまりもだしましょう。 1つ6点【18点】

① $0.6 \overline{)2.7}$

② $2.4 \overline{)9.2}$

③ $2.8 \overline{)8.4\,7}$

8 商は四捨五入して，上から2けたのがい数で求めましょう。 1つ6点【18点】

①

②

③

$2.8 \overline{)9.6}$

$3.7 \overline{)2\,2.4}$

$2.3 \overline{)6.8\,5}$

計算力はついたね。次は文章題だ。がんばろう！

答え ▶ 117ページ

1 1Lの重さが1.4kgのすながあります。このすな4.5Lの重さは何kgになりますか。

式6点，答え6点【12点】

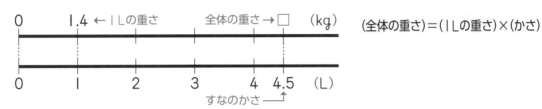

（全体の重さ）＝（1Lの重さ）×（かさ）

（式）

1Lの重さ		すなのかさ		全体の重さ
1.4	×	4.5	＝	

答え＿＿＿＿＿＿＿＿＿＿

2 2.3mの重さが7.82kgの鉄のぼうがあります。この鉄のぼう1mの重さは何kgですか。

式6点，答え6点【12点】

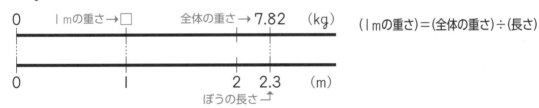

（1mの重さ）＝（全体の重さ）÷（長さ）

（式）

全体の重さ		ぼうの長さ		1mの重さ
	÷		＝	

答え＿＿＿＿＿＿＿＿＿＿

3 6.8mのリボンを何人かに切って分けます。1人分の長さを1.2mとすると，何人に分けられて，リボンは何mあまりますか。

式6点，答え6点【12点】

人数は整数だから，商は整数で求めるよ。

（式）

全体の長さ		1人分の長さ		人数		あまり
	÷		＝		あまり	

答え＿＿＿＿＿＿＿＿＿＿

4 　1mのねだんが120円のゴムホースを3.8m買いました。代金は何円になりますか。

式6点，答え6点【12点】

（式）

答え ＿＿＿＿＿＿＿＿＿＿＿＿＿＿

5 　1Lの重さが0.8kgの灯油があります。この灯油0.7Lの重さは何kgですか。

式6点，答え6点【12点】

（式）

答え ＿＿＿＿＿＿＿＿＿＿＿＿＿＿

6 　2.5Lの重さが2kgのさとうがあります。このさとう1Lの重さは何kgですか。

式6点，答え6点【12点】

（式）

答え ＿＿＿＿＿＿＿＿＿＿＿＿＿＿

7 　0.6㎡の重さが8.1kgの鉄板があります。この鉄板1㎡の重さは何kgですか。

式7点，答え7点【14点】

（式）

答え ＿＿＿＿＿＿＿＿＿＿＿＿＿＿

8 　5Lのジュースを0.3Lずつコップに分けていきます。0.3L入りのコップは何個できて，ジュースは何Lあまりますか。

式7点，答え7点【14点】

（式）

答え ＿＿＿＿＿＿＿＿＿＿＿＿＿＿

小数のかけ算，わり算の文章題はばっちりだね。

答え ▶ 117ページ

4 体積

1 次の直方体や立方体の体積は何cm³ですか。

式4点，答え4点【16点】

①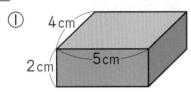

（式）

たて		横		高さ		体積
4	×	5	×	2	=	

直方体の体積＝たて×横×高さ

答え _____

②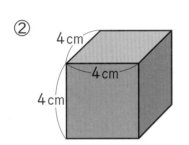

（式）

1辺		1辺		1辺		体積
	×		×		=	

立方体の体積＝1辺×1辺×1辺

答え _____

2 右のような形の体積を，次の3つの考え方で求めましょう。

式4点，答え4点【24点】

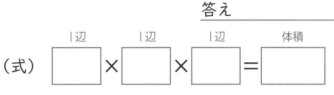

①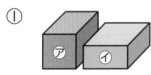

㋐と㋑に分ける。

（式）

㋐の体積						㋑の体積						
4	×	3	×	3	+	4	×	4	×	2	=	

答え _____

②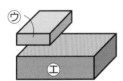

㋒と㋓に分ける。

（式）

答え _____

③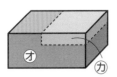

㋔から㋕をとる。

（式）

答え _____

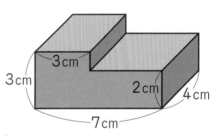

11

3 次の立体の体積を，（　）の中の単位で求めましょう。　　式5点，答え5点【40点】

① （cm³）

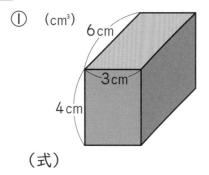

6cm　3cm　4cm

（式）

答え＿＿＿＿＿＿＿＿＿＿

② （m³）

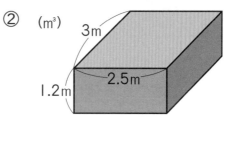

3m　2.5m　1.2m

（式）

答え＿＿＿＿＿＿＿＿＿＿

③ （cm³）

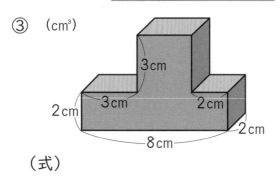

3cm　3cm　2cm　2cm　2cm　8cm

（式）

答え＿＿＿＿＿＿＿＿＿＿

④ （cm³）

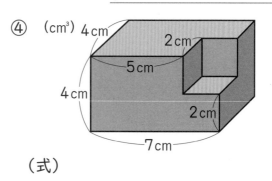

4cm　2cm　5cm　4cm　2cm　7cm

（式）

答え＿＿＿＿＿＿＿＿＿＿

4 下の図のように，たて3cm，横4cmの直方体の，高さを1cm，2cm，3cm，…と変えていきます。　　1つ4点【20点】

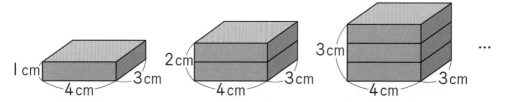

1cm　4cm　3cm　　2cm　4cm　3cm　　3cm　4cm　3cm　…

この直方体の高さと体積の関係を表した下の表を完成させましょう。

高さ（cm）	1	2	3	4	5	6	
体積（cm³）	12						

計算まちがいに注意しようね！

答え ▶ 118ページ

5 合同な図形，図形の角

1 合同な図形を2組見つけて，記号で答えましょう。　　1つ3点【6点】

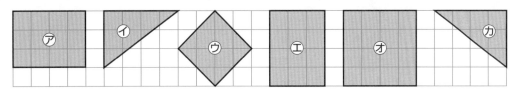

ぴったり重ね合わすことのできる
2つの図形は，**合同である**という。

（　　　と　　　）（　　　と　　　）

2 下の2つの三角形は合同です。　　1つ4点【12点】

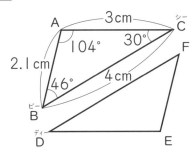

合同な図形で，重なり合う頂点，辺，
角を，それぞれ**対応する頂点，対応
する辺，対応する角**という。

① 頂点Aに対応する頂点はどれですか。

（　　　　　　）

② 辺EFの長さは何cmですか。

合同な図形では，
対応する辺の長さは等しい。

（　　　　　　）

③ 角Fの大きさは何度ですか。

合同な図形では，
対応する角の大きさは等しい。

（　　　　　　）

3 あ，いの角度は何度ですか。計算で求めましょう。　　式4点，答え4点【16点】

①

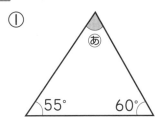

（式） 180 －（ 55 ＋ 60 ）＝ □

三角形の3つの角の大きさの和は180°

答え ＿＿＿＿＿＿＿＿

②

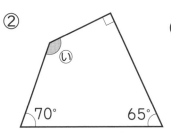

（式）

四角形の4つの角の大きさの和は360°

答え ＿＿＿＿＿＿＿＿

4 右の2つの四角形は合同です。

1つ3点【6点】

① 辺EHの長さは何cmですか。

（　　　　　　　　　）

② 角Fの大きさは何度ですか。

（　　　　　　　　　）

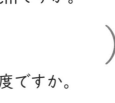

5 あ～かの角度は何度ですか。計算で求めましょう。

式5点，答え5点【60点】

①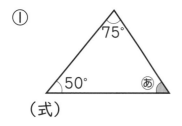

（式）

答え _____

②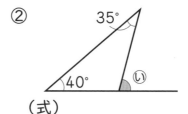

（式）

答え _____

③ 二等辺三角形

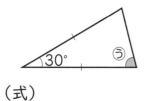

（式）

答え _____

④ 正三角形

（式）

正三角形の3つの角の大きさは等しいよ。

答え _____

⑤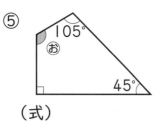

（式）

答え _____

⑥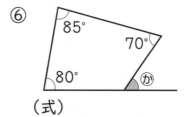

（式）

答え _____

アプリに，得点を登録しよう！

答え ▶ 118ページ

月　　日

10分

得点

点

1 次の□の中の整数を，偶数と奇数に分けましょう。　　　1つ5点【10点】

| 0　1　8　15　34　57　99　100 |

①　偶数 ←2でわりきれる整数。
　　　　　　0は偶数。

②　奇数 ←2でわりきれない整数。

（　　　　　　　　　　　）　　　（　　　　　　　　　　　）

2 倍数について，次の問題に答えましょう。　　　1つ5点【15点】

①　3の倍数を，小さいほうから順に3つ書きましょう。
　　　└3に整数をかけてできる数。
　　　　0は倍数には入れない。

（　　　　　　　　　　　）

②　3と4の公倍数を，小さいほうから順に3つ書きましょう。
　　　└3と4の共通な倍数。

（　　　　　　　　　　　）

③　3と4の最小公倍数を書きましょう。
　　　└3と4の公倍数のうちで，いちばん小さい数。

（　　　　　　　　　　　）

3 約数について，次の問題に答えましょう。　　　1つ5点【15点】

①　6の約数を，小さいほうから順に全部書きましょう。
　　　└6をわりきる整数。

（　　　　　　　　　　　）

②　6と9の公約数を，全部書きましょう。
　　　└6と9の共通な約数。

（　　　　　　　　　　　）

③　6と9の最大公約数を書きましょう。
　　　└6と9の公約数のうちで，いちばん大きい数。

（　　　　　　　　　　　）

1ともとの整数は
約数になるね！

4 次の問題に答えましょう。 1つ5点【10点】

① 287647は，偶数と奇数のどちらですか。

(　　　　　)

② 3けたの整数の中で，いちばん大きい偶数は
いくつですか。

(　　　　　)

5 〔 〕の数の公倍数を，小さいほうから順に3つ書きましょう。 1つ5点【10点】

① 〔6, 9〕　　　　　　　② 〔10, 25〕

(　　　　　)　　(　　　　　)

6 〔 〕の数の最小公倍数を書きましょう。 1つ5点【15点】

① 〔9, 27〕　　　② 〔12, 18〕　　　③ 〔2, 3, 8〕

(　　　)　　(　　　)　　(　　　)

7 〔 〕の数の公約数を，全部書きましょう。 1つ5点【10点】

① 〔8, 12〕　　　　　　　② 〔30, 45〕

(　　　　　)　　(　　　　　)

8 〔 〕の数の最大公約数を書きましょう。 1つ5点【15点】

① 〔36, 54〕　　　　　　② 〔16, 40〕

(　　　)　　(　　　)

③ 〔24, 48, 54〕

(　　　)

> 3つの数の公倍数，公約数の見つけ方は，2つの数のときと同じだよ。

> よくできたね。次もがんばろう。

答え ▶ 118ページ

算数

7 分数と小数，約分と通分

月　日　10分

得点

点

1 わり算の商を分数で表します。□にあてはまる数を書きましょう。

1つ2点【6点】

① $3 \div 7 = \dfrac{3}{7}$　わられる数が分子　わる数が分母

② $8 \div 5 = \dfrac{\square}{\square}$

③ $9 \div 11 = \dfrac{\square}{\square}$

2 分数を小数や整数になおします。□にあてはまる数を書きましょう。

1つ3点【6点】

分子を分母でわると，分数を小数や整数になおすことができる。

① $\dfrac{3}{5} = 3 \div 5 = \boxed{}$

② $\dfrac{15}{3} = 15 \div 3 = \boxed{}$

3 小数や整数を分数になおします。□にあてはまる数を書きましょう。

1つ3点【9点】

小数は，10，100などを分母とする分数になおすことができる。

① $0.7 = \dfrac{7}{10}$

② $0.23 = \dfrac{\square}{\square}$

③ $3 = \dfrac{3}{\square}$

4 次の分数を約分します。□にあてはまる数を書きましょう。

1つ3点【6点】

① $\dfrac{2}{6} = \dfrac{2 \div 2}{6 \div 2} = \dfrac{1}{3}$　分母と分子を，それらの最大公約数でわる。

② $\dfrac{15}{20} = \dfrac{15 \div 5}{20 \div 5} = \dfrac{\square}{\square}$

5 （　）の中の分数を通分します。□にあてはまる数を書きましょう。1つ4点【8点】

① $\left(\dfrac{1}{2}, \dfrac{1}{3}\right)$ → $\dfrac{1}{2} = \dfrac{1 \times 3}{2 \times 3} = \dfrac{3}{6}$, $\dfrac{1}{3} = \dfrac{1 \times 2}{3 \times 2} = \dfrac{\square}{\square}$

分母をそれらの最小公倍数にそろえるよ。

② $\left(\dfrac{5}{6}, \dfrac{3}{8}\right)$ → $\dfrac{5}{6} = \dfrac{5 \times 4}{6 \times 4} = \dfrac{\square}{\square}$, $\dfrac{3}{8} = \dfrac{3 \times 3}{8 \times 3} = \dfrac{\square}{\square}$

6 わり算の商を分数で表しましょう。　　　　　　　　　　　1つ3点【9点】

① $1 \div 3$ 　　　　　② $2 \div 9$ 　　　　　③ $12 \div 7$

（　　　　　）　　　　　（　　　　　）　　　　　（　　　　　）

7 分数を小数や整数になおしましょう。　　　　　　　　　1つ3点【9点】

① $\dfrac{3}{8}$ 　　　　　② $\dfrac{5}{4}$ 　　　　　③ $\dfrac{18}{9}$

（　　　　　）　　　　　（　　　　　）　　　　　（　　　　　）

8 小数や整数を分数になおしましょう。　　　　　　　　　1つ3点【9点】

① 0.9 　　　　　② 1.37 　　　　　③ 5

（　　　　　）　　　　　（　　　　　）　　　　　（　　　　　）

9 約分しましょう。　　　　　　　　　　　　　　　　　1つ3点【18点】

① $\dfrac{2}{8}$ 　　　　　② $\dfrac{6}{10}$ 　　　　　③ $\dfrac{8}{12}$

（　　　　　）　　　　　（　　　　　）　　　　　（　　　　　）

④ $\dfrac{25}{15}$ 　　　　　⑤ $1\dfrac{20}{32}$ 　　　　　⑥ $2\dfrac{45}{60}$

（　　　　　）　　　　　（　　　　　）　　　　　（　　　　　）

10 （　）の中の分数を通分しましょう。　　　　　　　　1つ4点【20点】

① $\left(\dfrac{1}{3}, \dfrac{1}{4} \right)$ 　② $\left(\dfrac{3}{4}, \dfrac{2}{7} \right)$ 　③ $\left(1\dfrac{2}{3}, 2\dfrac{4}{9} \right)$

（　　　　　）　　　　　（　　　　　）　　　　　（　　　　　）

④ $\left(\dfrac{2}{3}, \dfrac{1}{4}, \dfrac{7}{8} \right)$ 　　　　　⑤ $\left(\dfrac{5}{6}, \dfrac{7}{15}, \dfrac{9}{20} \right)$

（　　　　　）　　　　　（　　　　　）

分数のしくみはわかったかな？

答え ▶ 119ページ

月　日　10分

得点

点

1 □にあてはまる数を書きましょう。　　　　1つ5点【10点】

① $\dfrac{1}{5}+\dfrac{1}{4}=\dfrac{4}{20}+\dfrac{5}{20}$

　　　　　$=\dfrac{9}{20}$

通分して，分子どうしをたす。

② $\dfrac{1}{2}+\dfrac{1}{6}=\dfrac{3}{6}+\dfrac{1}{6}$

　　　　$=\dfrac{\square}{6}=\dfrac{\square}{3}$

約分できるときは約分する。

2 □にあてはまる数を書きましょう。　　　　1つ5点【10点】

① $\dfrac{2}{3}-\dfrac{1}{5}=\dfrac{10}{15}-\dfrac{3}{15}$

　　　　$=\dfrac{\square}{15}$

通分して，分子どうしをひく。

② $\dfrac{5}{6}-\dfrac{1}{3}=\dfrac{5}{6}-\dfrac{2}{6}$

　　　　$=\dfrac{\square}{6}=\dfrac{\square}{2}$

約分

3 $1\dfrac{3}{4}+\dfrac{2}{5}$ の計算のしかたについて，□にあてはまる数を書きましょう。

1つ5点【10点】

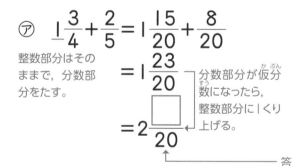

㋐ $1\dfrac{3}{4}+\dfrac{2}{5}=1\dfrac{15}{20}+\dfrac{8}{20}$

整数部分はそのままで，分数部分をたす。

　　　$=1\dfrac{23}{20}$

分数部分が仮分数になったら，整数部分に1くり上げる。

　　　$=2\dfrac{\square}{20}$

㋑ $1\dfrac{3}{4}+\dfrac{2}{5}=\dfrac{7}{4}+\dfrac{2}{5}$

帯分数を仮分数になおしてたす。

　　　$=\dfrac{35}{20}+\dfrac{8}{20}$

　　　$=\dfrac{\square}{20}$

どちらでも解けるようにしよう！

答えは同じ。

4 $2\dfrac{1}{3}-\dfrac{3}{5}$ の計算のしかたについて，□にあてはまる数を書きましょう。

1つ5点【10点】

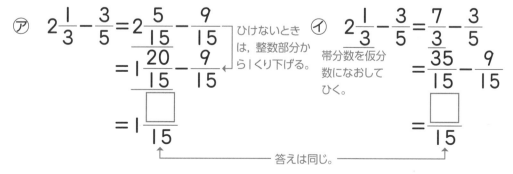

㋐ $2\dfrac{1}{3}-\dfrac{3}{5}=2\dfrac{5}{15}-\dfrac{9}{15}$

　　　$=1\dfrac{20}{15}-\dfrac{9}{15}$

ひけないときは，整数部分から1くり下げる。

　　　$=1\dfrac{\square}{15}$

㋑ $2\dfrac{1}{3}-\dfrac{3}{5}=\dfrac{7}{3}-\dfrac{3}{5}$

帯分数を仮分数になおしてひく。

　　　$=\dfrac{35}{15}-\dfrac{9}{15}$

　　　$=\dfrac{\square}{15}$

答えは同じ。

19

5 計算をしましょう。

① $\dfrac{1}{2} + \dfrac{1}{3}$

② $\dfrac{3}{4} + \dfrac{2}{5}$

③ $\dfrac{1}{12} + \dfrac{3}{4}$

④ $\dfrac{5}{12} + \dfrac{3}{20}$

⑤ $\dfrac{4}{5} - \dfrac{2}{3}$

⑥ $\dfrac{6}{7} - \dfrac{5}{8}$

⑦ $\dfrac{7}{9} - \dfrac{5}{18}$

⑧ $\dfrac{16}{15} - \dfrac{9}{10}$

⑨ $\dfrac{5}{6} + 1\dfrac{2}{9}$

⑩ $3\dfrac{7}{12} + 1\dfrac{1}{15}$

⑪ $1\dfrac{3}{10} - \dfrac{1}{2}$

⑫ $5\dfrac{1}{6} - 4\dfrac{7}{10}$

計算力がついてきているよ。自信を持とう！

答え ▶ 119ページ

9 分数のたし算・ひき算②

月　日　10分

得点　　　　　　点

1 □にあてはまる数を書きましょう。　　　　　1つ6点【24点】

① $\dfrac{1}{2}+\dfrac{1}{3}+\dfrac{1}{8}=\dfrac{12}{24}+\dfrac{8}{24}+\dfrac{3}{24}=\dfrac{\boxed{23}}{24}$

└─ 3つの分数を，まとめて通分。

② $\dfrac{5}{6}-\dfrac{3}{10}-\dfrac{1}{3}=\dfrac{25}{30}-\dfrac{9}{30}-\dfrac{\boxed{}}{30}=\dfrac{\boxed{}}{30}=\dfrac{\boxed{}}{5}$

└ 約分 ┘

③ $\dfrac{2}{5}+\dfrac{5}{8}-\dfrac{3}{4}=\dfrac{16}{40}+\dfrac{\boxed{}}{40}-\dfrac{\boxed{}}{40}=\dfrac{\boxed{}}{40}$

④ $\dfrac{5}{6}-\dfrac{3}{4}+\dfrac{4}{15}=\dfrac{\boxed{}}{60}-\dfrac{\boxed{}}{60}+\dfrac{\boxed{}}{60}=\dfrac{\boxed{}}{60}=\dfrac{\boxed{}}{20}$

2 $\dfrac{3}{5}+0.3$の計算のしかたについて，□にあてはまる数を書きましょう。

1つ5点【10点】

㋐ $\dfrac{3}{5}+0.3=\dfrac{3}{5}+\dfrac{3}{10}$

分数にそろえる。　$=\dfrac{6}{10}+\dfrac{3}{10}$

$=\dfrac{\boxed{9}}{10}$

㋑ $\dfrac{3}{5}+0.3=0.6+0.3$

小数にそろえる。　$=\boxed{}$

←──────── 答えは同じ。

3 $0.8-\dfrac{2}{3}$の計算のしかたについて，□にあてはまる数を書きましょう。

【6点】

$0.8-\dfrac{2}{3}=\dfrac{\boxed{}}{10}-\dfrac{2}{3}=\dfrac{\boxed{}}{30}-\dfrac{\boxed{}}{30}$

↑ 小数になおせない。

$=\dfrac{\boxed{}}{30}=\dfrac{\boxed{}}{15}$

└ 約分 ┘

$\dfrac{2}{3}$を小数にすると，
0.66…となって
正確には表せないよ。

21

4 計算をしましょう。 1つ5点【30点】

① $\dfrac{1}{6}+\dfrac{3}{4}+\dfrac{2}{3}$

② $\dfrac{3}{4}+\dfrac{2}{5}+\dfrac{3}{10}$

③ $\dfrac{2}{3}-\dfrac{1}{6}-\dfrac{2}{9}$

④ $\dfrac{14}{15}-\dfrac{7}{10}-\dfrac{1}{6}$

⑤ $\dfrac{7}{9}+\dfrac{5}{6}-\dfrac{3}{4}$

⑥ $\dfrac{4}{5}-\dfrac{3}{10}+\dfrac{3}{8}$

5 計算をしましょう。 1つ5点【30点】

① $\dfrac{1}{2}+0.3$

② $0.6+\dfrac{1}{3}$

③ $0.25+\dfrac{7}{12}$

④ $0.8-\dfrac{3}{5}$

⑤ $\dfrac{5}{6}-0.4$

⑥ $\dfrac{13}{15}-0.75$

分数のたし算，ひき算はばっちりだね。

答え ▶ 119ページ

月　日　10分

得点　　　　　点

1 家から西に $\frac{3}{5}$km行ったところに駅が
あり，家から東に $\frac{2}{3}$km行ったところに
病院があります。　式5点，答え5点【20点】

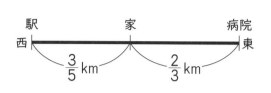

駅　　　　家　　　病院
西　　　　　　　　　　東
$\frac{3}{5}$km　　　$\frac{2}{3}$km

① 駅から家の前を通って病院まで行くときの道のりは，何kmですか。

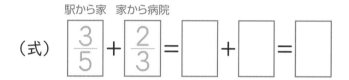

駅から家　家から病院

（式） $\boxed{\frac{3}{5}}$ ＋ $\boxed{\frac{2}{3}}$ ＝ $\boxed{}$ ＋ $\boxed{}$ ＝ $\boxed{}$

答え _____

② 家からは，駅と病院のどちらのほうが何km近いですか。

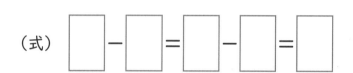

（式） $\boxed{}$ － $\boxed{}$ ＝ $\boxed{}$ － $\boxed{}$ ＝ $\boxed{}$

大きい数から
小さい数をひこう。

答え _____

2 白いペンキが $\frac{5}{6}$L，青いペンキが0.7Lあります。　式5点，答え5点【20点】

① ペンキは，合わせて何Lありますか。
（式）

答え _____

② 白いペンキと青いペンキでは，どちらのほうが何L多いですか。
（式）

答え _____

3 オレンジジュースが $\frac{3}{4}$ L，グレープジュースが $\frac{5}{8}$ Lあります。ジュースは，合わせて何Lありますか。

式8点，答え7点【15点】

（式）

答え _____

4 牛にゅうが $1\frac{1}{6}$ Lあります。 $\frac{1}{4}$ L飲むと，残りは何Lになりますか。

式8点，答え7点【15点】

（式）

答え _____

5 しょう油を，昨日は $\frac{7}{12}$ dL，今日は0.6dL使いました。昨日と今日では，どちらのほうが何dL多く使いましたか。

式8点，答え7点【15点】

（式）

答え _____

6 重さ $\frac{1}{2}$ kgのビンに，ジャムを $\frac{3}{4}$ kg入れました。ジャムを何kgか使ったあと，全体の重さをはかると， $\frac{3}{5}$ kgでした。使ったジャムは何kgですか。

式8点，答え7点【15点】

（式）

答え _____

分数の文章題もばっちりだね。すごい！

答え ▶ 120ページ

算数

11 平均，単位量あたりの大きさ

1 次の数量の平均を求めましょう。

式5点，答え5点【20点】

① 4人の体重…28kg，31kg，34kg，27kg

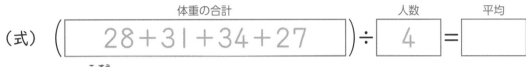

（式）（ 28＋31＋34＋27 ）÷ 4 ＝ □

体重の合計　　　　　　　　　　　　　人数　　平均

平均＝合計÷個数

答え ＿＿＿＿＿＿＿＿

② 5試合の得点…2点，4点，0点，1点，5点

（式）（ 　　　　　　 ）÷ □ ＝ □

得点が0点の試合も試合数にふくめよう。
答えが小数になることもあるんだね。

答え ＿＿＿＿＿＿＿＿

2 右の表は，A，Bの2つの水そうの水の体積
とめだかの数を表したものです。

①式各5点，答え5点，②5点【20点】

① A，Bそれぞれの水そうの，水1Lあたりの
めだかの数を求めましょう。

（式）

A… 70 ÷ 20 ＝ □
B… □ ÷ □ ＝ □

┐水1Lあたりのめだかの数
┘

めだかの数　　水の体積

答え　A ＿＿＿＿　B ＿＿＿＿

水の体積とめだかの数

	水の体積 （L）	めだかの数 （ひき）
A	20	70
B	25	80

こみぐあいは，「1Lあたりのめだかの数」
など単位量あたりの大きさを求めて比べる。

② A，Bどちらの水そうのほうがこんでいるといえますか。

（　　　　　　　　　　）

3 右の表は，先週，あゆむさんのクラスで図書室を利用した人の数を表したものです。この週は，1日に平均何人の人が図書室を利用したことになりますか。

図書室を利用した人の数

曜　　日	月	火	水	木	金
人数(人)	5	0	3	0	8

式7点，答え5点【12点】

（式）

答え _____

4 1日に平均15ページずつ本を読むと，30日間では，全部で何ページ読むことになりますか。

式7点，答え5点【12点】

（式）

答え _____

5 みかん1個から平均90mLのジュースがとれるとすると，720mLのジュースをつくるには，みかんを何個しぼればよいですか。

式7点，答え5点【12点】

（式）

答え _____

6 ある市の面積は186km²で，人口は53万人です。この市の人口密度を，四捨五入して上から2けたのがい数で求めましょう。

式7点，答え5点【12点】

（式）

答え _____

7 6個で150円のたまごAと，10個で240円のたまごBでは，どちらのほうが安いといえますか。1個あたりのねだんを求めて比べましょう。

式7点，答え5点【12点】

（式）

答え _____

よくがんばったね。次もがんばろう。

答え ▶ 120ページ

算数

12 速さ

月　日　⏱**10**分

得点

点

---

1 3時間に195km走ったトラックの速さは，時速何kmですか。

式5点, 答え5点【10点】

（式）　道のり　　時間　　速さ

$195 ÷ 3 = \boxed{}$

0　　□　　　　　195（km）

0　1　2　3　（時間）

速さ＝道のり÷時間

時速は，1時間に進む道のりで表した速さ。

分速は，1分間に進む道のりで表した速さ。

秒速は，1秒間に進む道のりで表した速さ。

答え _____

2 分速2.7kmで飛ぶつばめの速さは，秒速何mですか。　式5点, 答え5点【10点】

（式）　2.7 km ＝ $\boxed{}$ m

$\boxed{} ÷ \boxed{} = \boxed{}$

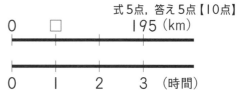

1km＝1000mだから，
2.7kmは何mかな。

1分＝60秒より，
秒速＝分速÷60

答え _____

3 分速180mの自転車が4分間に進む道のりを求めましょう。

式5点, 答え5点【10点】

（式）　$\boxed{} × \boxed{} = \boxed{}$

0　180　　　　□（m）

0　1　2　3　4（分）

道のり＝速さ×時間

答え _____

4 時速35kmのバスが175km走るのにかかる時間を求めましょう。

式5点, 答え5点【10点】

（式）　$\boxed{} ÷ \boxed{} = \boxed{}$

0　35　　　　175　（km）

0　1　　　□　（時間）

時間＝道のり÷速さ

答え _____

27

5　時速60kmで走るオートバイが，2時間30分走りました。何km進みましたか。

式6点，答え6点【12点】

（式）

答え ＿＿＿＿＿＿＿＿＿＿＿＿

6　時速52kmの観光バスが，156km走りました。何時間かかりましたか。

式6点，答え6点【12点】

（式）

答え ＿＿＿＿＿＿＿＿＿＿＿＿

7　分速250mで走るキリンがいます。このキリンが12km走るのに何分かかりますか。

式6点，答え6点【12点】

（式）

答え ＿＿＿＿＿＿＿＿＿＿＿＿

8　Ａの電車は135kmを3時間で，Ｂの電車は96kmを2時間で走りました。ＡとＢの電車では，どちらが速いですか。

式6点，答え6点【12点】

（式）

答え ＿＿＿＿＿＿＿＿＿＿＿＿

9　6分間に210Lの水をくみ出すＡのポンプと，8分間に240Lの水をくみ出すＢのポンプでは，どちらが速く水をくみ出せますか。

式6点，答え6点【12点】

（式）

答え ＿＿＿＿＿＿＿＿＿＿＿＿

速さはばっちりだね！ すごいよ！

答え ▶ 120ページ

1 次の平行四辺形の面積を求めましょう。　式5点，答え5点【10点】

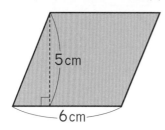

（式）

平行四辺形の面積＝底辺×高さ

答え _____

2 次の三角形の面積を求めましょう。　式5点，答え5点【10点】

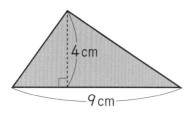

（式）
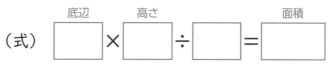

三角形の面積＝底辺×高さ÷2

答え _____

3 次の台形の面積を求めましょう。　式5点，答え5点【10点】

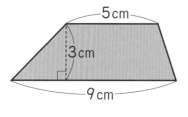

（式）
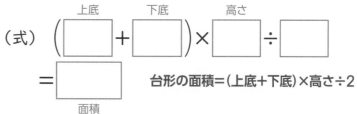

台形の面積＝（上底＋下底）×高さ÷2

答え _____

4 次のひし形の面積を求めましょう。　式5点，答え5点【10点】

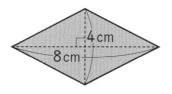

（式）

| 対角線 | | 対角線 | | | | 面積 |

ひし形の面積＝対角線×対角線÷2

答え _____

5 次の図形の面積を求めましょう。

① 平行四辺形

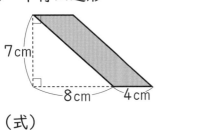

（式）

答え ＿＿＿＿＿＿＿＿＿

②

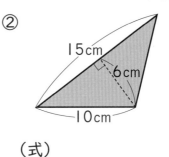

（式）

答え ＿＿＿＿＿＿＿＿＿

③

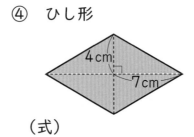

（式）

答え ＿＿＿＿＿＿＿＿＿

④ ひし形

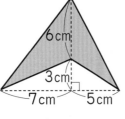

（式）

答え ＿＿＿＿＿＿＿＿＿

6 次の図で，色のついた部分の面積を求めましょう。

式5点，答え5点【20点】

①

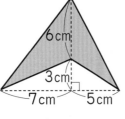

（式）

答え ＿＿＿＿＿＿＿＿＿

②

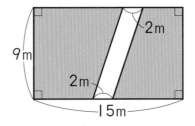

（式）

答え ＿＿＿＿＿＿＿＿＿

よくできたね。おつかれさま。

答え ▶ 121ページ

算数

14 割合と百分率

月　　日　| 10 分

得点

　　　　　　　　　　点

1 あるサッカーのチームは，全部で12試合して，そのうち9試合勝ちました。このチームの，全試合数をもとにした勝った試合数の割合を，小数で求めましょう。

式5点，答え5点【10点】

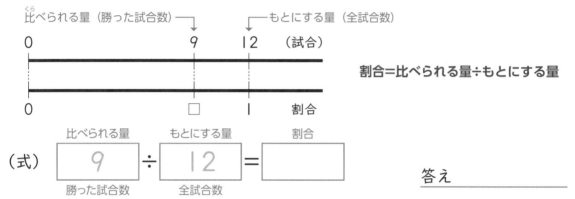

比べられる量（勝った試合数）→　　　　←もとにする量（全試合数）

割合＝比べられる量÷もとにする量

（式）

比べられる量		もとにする量		割合
9	÷	12	=	
勝った試合数		全試合数		

答え _____

2 定員60人のバスに，定員の80%の人が乗っています。このバスの乗客数は何人ですか。

式5点，答え5点【10点】

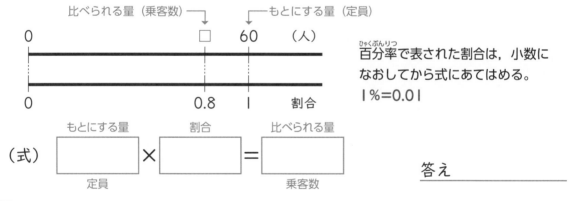

比べられる量（乗客数）→　　　　←もとにする量（定員）

百分率で表された割合は，小数になおしてから式にあてはめる。
1%＝0.01

（式）

もとにする量		割合		比べられる量
	×		=	
定員				乗客数

答え _____

3 ある小学校の今年の児童数は342人で，これは昨年の児童数の95%にあたります。この小学校の昨年の児童数は何人でしたか。　　式5点，答え5点【10点】

（式） この小学校の昨年の児童数を□人とすると，

□ × 　　　　 = 　　　　　← 今年の児童数
　　　　　　　　　　もとにする量×割合＝比べられる量

□ = 　　　　 ÷ 　　　　 = 　　　　

答え _____

31

4 小数で表した割合を百分率で表しましょう。また，百分率で表した割合を小数で表しましょう。

1つ5点【30点】

① 0.46

② 1.3

③ 0.875

( ) ( ) ( )

④ 72%

⑤ 0.9%

⑥ 150%

( ) ( ) ( )

5 定員300人のえい画館の中に，360人の観客がいます。定員をもとにした観客数の割合を，百分率で求めましょう。

式5点，答え5点【10点】

（式）

答え _____

6 たかしさんは本を80さつ持っていて，そのうちの45%は物語の本です。たかしさんは，物語の本を何さつ持っていますか。

式5点，答え5点【10点】

（式）

答え _____

7 ぬいぐるみのねだんは1800円で，これはあおいさんの所持金の30%にあたります。あおいさんの所持金は何円ですか。

式5点，答え5点【10点】

（式）

答え _____

8 定価8000円のくつを，定価の40%引きで買いました。代金は何円でしたか。

式5点，答え5点【10点】

（式）

答え _____

問題文をしっかり読んで取り組めたかな？

答え ▶ 121ページ

15 帯グラフと円グラフ

1 下のグラフは，ある年の日本の都道府県別のさつまいもの収かく量の割合を表したものです。各県の全体に対する割合は，それぞれ何％ですか。

1つ6点【24点】

都道府県別のさつまいもの収かく量の割合

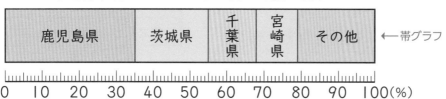

←帯グラフ

① 鹿児島県 （　　　　　）　　② 茨城県 （　　　　　）

③ 千葉県 （　　　　　）　　④ 宮崎県 （　　　　　）

2 右のグラフは，世界の海洋別の面積の割合を表したものです。

1つ6点【30点】

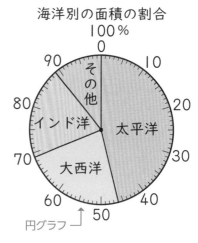

海洋別の面積の割合

↑円グラフ

① 次の面積の割合は，それぞれ全体の何％ですか。

　　太平洋　　　　大西洋　　　　インド洋

（　　　　）（　　　　）（　　　　）

② インド洋の面積は，全体の面積の何分の一ですか。

（　　　　　）

③ 太平洋の面積は，大西洋の面積の何倍ですか。

（　　　　　）

3 右の表は，ある小学校の5年生について，好きな教科別の人数を表したものです。

①1つ3点，②〜⑤1つ7点【46点】

好きな教科別の人数の割合

教科	人数(人)	百分率(%)
社会	18	
理科	13	
国語	7	
算数	4	
その他	8	
合計	50	

① それぞれの教科が好きな人数の割合を百分率で求めて，右の表に書きましょう。また，百分率の合計も書きましょう。

② 好きな教科別の人数の割合を，帯グラフに表しましょう。

好きな教科別の人数の割合

0　10　20　30　40　50　60　70　80　90　100(%)

③ 好きな教科別の人数の割合を，円グラフに表しましょう。

真上から右まわりに百分率の大きい順に区切るよ。「その他」はいちばんあとにかこう。

好きな教科別の人数の割合

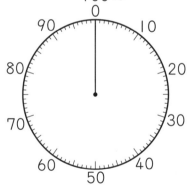

④ 理科が好きな人は，算数が好きな人の何倍ですか。

(　　　　　　　　)

⑤ 社会が好きな人と，国語が好きな人を合わせると，全体の何分の一ですか。

(　　　　　　　　)

グラフもばっちりだね。あと少しだよ！

答え ▶ 122ページ

16 正多角形と円周

1 □にあてはまることばを書きましょう。　　　　　　1つ6点【18点】

① 辺の長さがみんな等しく，角の大きさもみんな等しい多角形を，

[　　　　　　　　]といいます。

② 右の図のように，5つの辺の長さがみんな等しく，
5つの角の大きさもみんな等しい多角形を，

[　　　　　　　　]といいます。

③ 辺の数がいちばん少ない正多角形は，[　　　　　　　]です。

2 次の円の円周の長さを求めましょう。　　　　式4点，答え4点【16点】

①

4cm

（式）| 直径 | | 円周率 | | 円周 |
| 4 | × | 3.14 | = | |

円周＝直径×円周率

円周率は，3.14として計算するよ！

答え _____

②

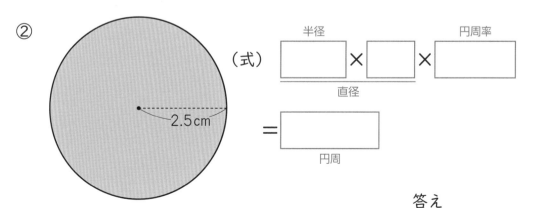

2.5cm

（式）| 半径 | | | | 円周率 |
| | × | | × | |

直径

= | |

円周

答え _____

3 円の中心のまわりを等分して，正六角形をかきます。　　1つ6点【18点】

① 円の中心のまわりを何等分すればよいですか。

（　　　　　　　）

② ①で，1つ分の角の大きさは何度になりますか。

（　　　　　　　）

③ 円の中心のまわりを等分する方法で，右の円に正六角形をかきましょう。

4 次の円の円周の長さを求めましょう。　　　式4点，答え4点【32点】

① 直径10cmの円
（式）

② 半径7.5cmの円
（式）

答え ＿＿＿＿＿＿＿＿＿

答え ＿＿＿＿＿＿＿＿＿

③ 直径8mの円
（式）

④ 半径4.5mの円
（式）

答え ＿＿＿＿＿＿＿＿＿

答え ＿＿＿＿＿＿＿＿＿

5 次の円の直径や半径の長さを求めましょう。　　式4点，答え4点【16点】

① 円周の長さが62.8cmの円の直径
（式）

② 円周の長さが37.68mの円の半径
（式）

答え ＿＿＿＿＿＿＿＿＿

答え ＿＿＿＿＿＿＿＿＿

ここまでよくがんばったね。算数はあと1回だよ。

答え ▶ 122ページ

1 次の立体で，□にあてはまることばを書きましょう。　1つ3点【12点】

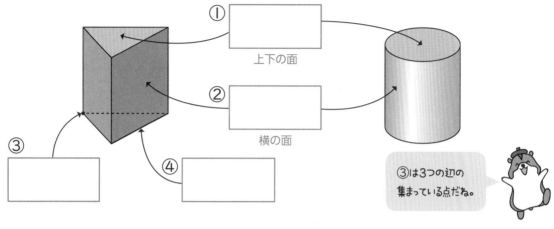

① ［　　　　］　上下の面

② ［　　　　］　横の面

③ ［　　　　］

④ ［　　　　］

③は3つの辺の集まっている点だね。

2 次の立体の名前を書きましょう。　1つ4点【12点】

①　　　　　　②　　　　　　③

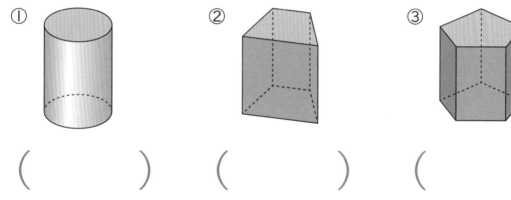

（　　　　　）　（　　　　　）　（　　　　　）

3 右のような立体について，問題に答えましょう。　1つ5点【15点】

①　これは，何という立体ですか。

（　　　　　　　　　）

②　側面と底面は，どのように交わっていますか。

（　　　　　　　　　）

③　この立体の高さは何cmですか。

6cm　9cm　8cm

（　　　　　　　　　）

4 下の表に，あてはまることばや数を書いて，完成させましょう。

1つ3点【36点】

	三角柱	四角柱	五角柱	六角柱
底面の形				
ちょうてん 頂点の数				
辺の数				

5 右の図は，ある立体の展開図です。

1つ5点【10点】

① この立体の名前は何ですか。

( )

② 組み立てたとき，点Aと重なる点を全部書きましょう。

( )

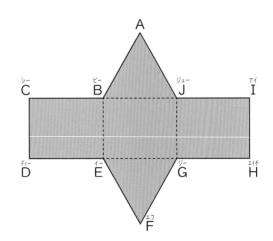

6 右の図は，ある立体の展開図です。

1つ5点【15点】

① この立体の名前は何ですか。

( )

② この立体の高さは何cmですか。

( )

③ あの長さは何cmですか。

( )

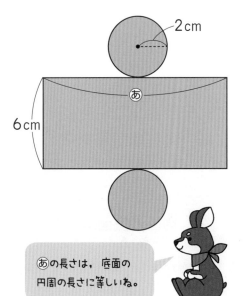

あの長さは，底面の円周の長さに等しいね。

5年の算数はこれでおしまい。よくがんばったね！

答え ▶ 122ページ

国語

1 同じ読み方の漢字①

目標 10分　月　日　得点　点

1 次の各組の――線の熟語は、同じ読み方をします。その読み方を下の（　）に書きましょう。　一つ5点【15点】

① ㋐ 将来は、医師として働きたい。
　 ㋑ 強い意志をもって目標を達成する。（　　）

② ㋐ こうもりの習性を研究する。
　 ㋑ 文章のあやまりを修正する。（　　）

③ ㋐ テスト用紙に解答を書きこむ。
　 ㋑ アンケートの質問に回答する。（　　）

2 次の音読みをする漢字を、それぞれ□に書き分けましょう。　一つ5点【35点】

① オウ
　㋐ かかってきた電話に□答する。
　㋑ 家と駅の間を□復する。

② ハン
　㋐ 図工の時間に□画を作る。
　㋑ 試合で反則と□定される。

③ ジョウ
　㋐ 日□生活の中から、作文の題材をさがす。
　㋑ 二週間という□件で本を借りる。
　㋒ 来年の年賀□は、パソコンで作る。

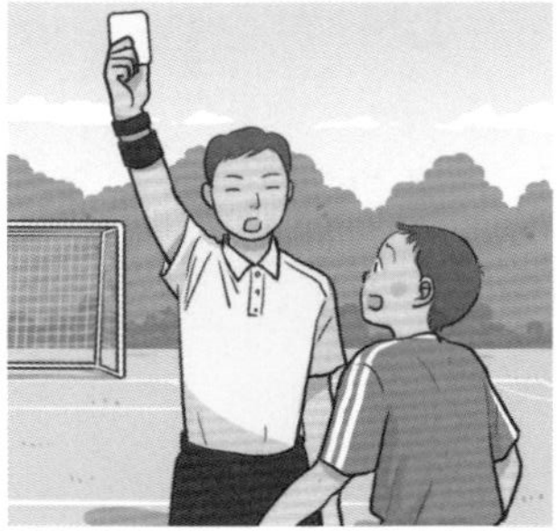

正しく書けたかな？

③ 人工衛星の打ち上げに成功する。

② 多くの学者が、この新しい学説を指示している。

① アメリカの船が、中国へ向かうとちゅうで横浜に帰港した。

例▶ 重大な使命を果たす。

---

4 次の文には、まちがって使われている熟語が一つずつあります。例にならってしるしを付け、その右側に正しい熟語を書きましょう。

1つ6点【18点】

④ あ（らわ）す
  イ 太陽がすがたを____す。
  ア 勝利の喜びを顔に____す。

③ お（こ）
  イ 本を、一週間で読む。
  ア スープをゆっくり飲む。

② か（こ）
  イ 自転車を新しく____にする。
  ア 家で子犬を____にする。

① き（へ）
  イ 先生の話をよく____。
  ア この薬はよく____。

66ページの「同訓異字」も読んでね。「あつい」など。

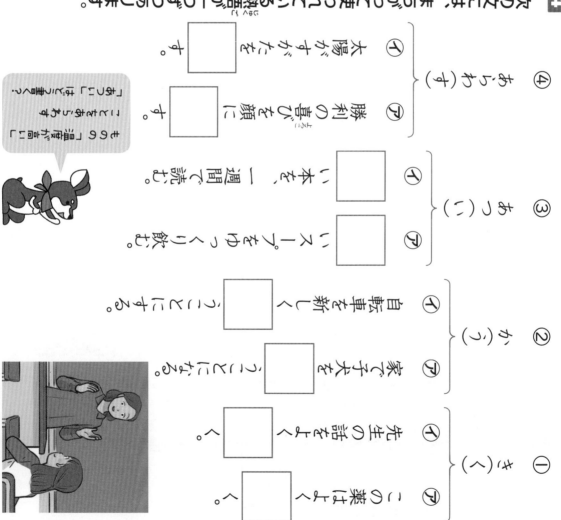

3 次の訓読みをする漢字を、それぞれの□に書き分けましょう。

1つ4点 32点

40

2 同じ読み方の漢字②

1 次の文の——線の言葉は、漢字ではどう書きますか。正しいものをそれぞれの □ から選んで、記号を書きましょう。

一つ4点【6点】

① 毎日、本を読む<u>シュウカン</u>をつける。

ア 週間　イ 週刊　ウ 習慣

② 母の病気が<u>カイホウ</u>に向かう。

ア 開放　イ 快方　ウ 解放

③ 警察が車の通行を<u>キセイ</u>する。

ア 帰省　イ 規制　ウ 寄生

④ 校長先生が教育について<u>コウエン</u>する。

ア 講演　イ 公園　ウ 公演

同じ読み方でも、意味や使い方がちがうので、気をつけよう。

2 次の音読みをする漢字を、それぞれ □ に書き分けましょう。

一つ3点【30点】

① エキ
ア 血 □ 型
イ 公共の利 □ 。

② ヒン
ア □ 父母
イ 質 □ な生活。

③ コウ
ア 農 □ 社会
イ 鉄 □ 石
ウ □ 奮する

④ カ
ア 不 □ 能
イ □ 口にすむ魚。
ウ 値 □ ある品。

41

文の中での言葉の意味を考えて、使い分けようね。

③
㋐ 学級会で議長を<u>つとめる</u>。（　　　　）
㋑ みんなで助け合って<u>つとめる</u>。（　　　　）

②
㋐ 大会の三回戦で<u>やぶられる</u>。（　　　　）
㋑ 弟のいたずらに、ぶられる<u>さそわれる</u>。（　　　　）

①
㋐ 気に入った詩を<u>ノートにうつす</u>。（　　　　）
㋑ ノートにとった答えをうつす<u>うつす</u>。（　　　　）

４ 次の──線の言葉を、それぞれの文に合わせて、漢字と送りがなで書きましょう。【1つ5点/30点】

③ ジ
　タ
㋑ 大臣の一言で〔　　　　〕が急変する。
㋐ そもそも計画に〔　　　　〕に無理がある。

② サ
　シ
㋑ 雨について〔　　　　〕調べている。
㋐ 全員がその案に〔　　　　〕した。

① セ
　ケ
㋑ 妹は、明るい〔　　　　〕した。
㋐ この時計の時間は〔　　　　〕だ。

３ 次の言葉を、漢字二字の熟語にして、□に書きましょう。【1つ4点/24点】

①・②は「性」を使った熟語があるよ。

42

国語 3

いろいろな音・訓／送りがな

目標 10分　月　日　得点（とくてん）　点

1 次の熟語（じゅくご）の——線の漢字と同じ読み方をするものを、それぞれの□から選んで、記号を書きましょう。　一つ4点【16点】

① 武士
ア 武者ぶるい　イ 武力

② 交易
ア 容易（よう）　イ 安易　ウ 貿易（ぼう）

③ 興行
ア 復興（ふっ）　イ 興味　ウ 余興（よ）

④ 評判（ひょう）
ア 判定　イ 判明　ウ 大判

③の「興行」は、お金を取って映画（えいが）・げき・スポーツなどを見せることだよ。

2 次の——線の漢字の音読みの読み方を書きましょう。　一つ4点【24点】

①
㋐ 姉がアメリカに留学する。（　　）
㋑ 旅行で一週間ほど家を留守にする。（　　）

②
㋐ 駅前の再開発が計画される。（　　）
㋑ 再来週の土曜日にキャンプに行く予定だ。（　　）

③
㋐ 休み時間に友達と雑談する。（　　）
㋑ 雑木林でこん虫採集（さいしゅう）をする。（　　）

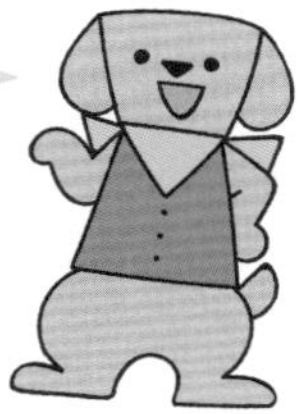

（吹き出し）もう　ここまで　来たよ。よく　がんばったね。この　調子だよ。

5 次の――線の言葉を、漢字と送りがなで書きましょう。【1つ4点 20点】

① 兄の無理なたのみを、ことわる。（　　　　）

② 家族で支え合って、日々の生活をいとなむ。（　　　　）

③ プロのサッカー選手をこころざす。（　　　　）

④ かたくなチームを優勝にみちびく。（　　　　）

⑤ たきびの火のいきおいが、おさまる。（　　　　）

---

4 次のうち、正しい送りがなのほうを選んで、記号を書きましょう。【1つ4点 24点】

① { ア 確める　イ 確かめる }　□

③ { ア 現れる　イ 現われる }　□

⑤ { ア 快い　イ 快よい }　□

② { ア 検し　イ 険し }　□

④ { ア 率いる　イ 率る }　□

⑥ { ア 喜しい　イ 喜ばしい }　□

---

3 次の――線の漢字の訓読みの読み方を書きましょう。【1つ4点 16点】

① ア 小麦粉に水を加えて練る。（　　　　）
　 イ チョークの白い粉がつく。（　　　　）

② ア 観光客数は、昨年よりも増している。（　　　　）
　 イ 練習する量を、倍に増やす。（　　　　）

1 次の熟語の構成を□□□から選んで、記号を書きましょう。

一つ4点【36点】

① 高山 □

② 遠近 □

③ 増量 □

④ 希望 □

⑤ 不足 □

⑥ 暗黒 □

⑦ 加熱 □

⑧ 春風 □

⑨ 国立 □

ア 意味が似ている漢字を組み合わせたもの。

イ 意味が反対、または対になる漢字を組み合わせたもの。

ウ 上の漢字が主語、下の漢字が述語のもの。

エ 上の漢字が下の漢字を修飾するもの。

オ 上の漢字が動作・作用を表し、下の漢字がその対象となるもの。

カ 下の漢字の意味を、上の漢字が打ち消すもの。

2 次の各組の熟語の中から、ほかの三つとは組み立ての型がちがうものを一つずつ選んで、記号を書きましょう。

一つ4点【16点】

① ア 救助　イ 高書　ウ 損失　エ 開始　□

② ア 飲酒　イ 帰国　ウ 直線　エ 着席　□

③ ア 読書　イ 近道　ウ 国旗　エ 海底　□

④ ア 上下　イ 東西　ウ 売買　エ 強風　□

45

むずかしい問題もあるけど、へこたれずにがんばってね。

4 次の①〜⑥にあてはまる漢字二字の熟語を、A群とB群の漢字を一字ずつ選んで作り、□□に書きましょう。

1つ6点【36点】

A群
調　非　発
県
深

造

B群
着　海
礼　船
査　営

① 意味が似ている漢字を組み合わせたもの。…　□□

② 意味が反対、または対になる漢字を組み合わせたもの。…　□□

③ 上の漢字が主語、下の漢字が述語のもの。…　□□

④ 上の漢字が下の漢字を修飾するもの。…　□□

⑤ 上の漢字が動作・作用を表し、下の漢字がその対象となるもの。…　□□

⑥ 下の漢字が、上の漢字の意味を打ち消すもの。…　□□

3 次の意味を表す漢字二字の熟語を、例にならって、□□に意味の中の漢字を使って書きましょう。

1つ6点【12点】

例　青い空。→　青空

① 親しい友。→　□□

② 命を救う。→　□□

例　山に登る。→　登山

□の中の漢字を、→の順に読むと組み合わせがわかるよ。

46

5 つながりを示す言葉／組になって使われる言葉

1 次の文の（　）には、前後のつながりを示す言葉が入ります。◻から選んで書きましょう。

1つ5点【20点】

① よく練習した（　　　　　　）、試合には負けてしまった。

② 楽しかった（　　　　　　）、また来ようと思う。

③ 夜がふける（　　　　　　）、街は静かになる。

④ じっくり観察し（　　　　　　）、ノートに記録する。

> 言葉を入れたあと、文をもう一度読んでみてね。

ても	と	が	ながら	から

2 次の（　）にあてはまる接続語を、◻から選んで書きましょう。（言葉は一度しか使えません。）

1つ5点【20点】

① ぼくは行かない。（　　　　　　）、宿題が残っているからだ。

② 強い雨がふってきた。（　　　　　　）、試合は続行された。

③ 雨がふりそうだった。（　　　　　　）、かさを持って出かけた。

④ コーヒーを飲みますか。（　　　　　　）、紅茶にしますか。

だが	だから	あるいは	なぜなら

こここは、言葉の係り受けを
たしかめよう。

4 次の──線の言葉と組になるように、□にあてはまる言葉を、字数に
かなで書きましょう。 1つ6点【30点】

① なにが なんでも、おいしい ものを 食べ□。

② 湖が しんと して、まるで 鏡の□□。

③ 母は、たぶん 夕方までには 帰ってくる□□□。

④ たとえ 失敗しても、□□ また すぐに 直せば いい。

⑤ 実験は、必ずしも 成功する とは 限ら□□。

3 次の──線の言葉と組になるように、（　）にあてはまる言葉を、□から
選んで書きましょう。 1つ6点【30点】

① （　　　）一か月の 休みが あったら、何を しますか。

② にわとりは、（　　　）毎朝 鳴くのだろうか。

③ （　　　）許して ください。

④ （　　　）勝ち には ならない。

⑤ わたしは （　　　）とは しない。

まるで　きっと　まさか　どうして　たとえ　もし　どうぞ　けっして

6 和語・漢語・外来語

1 ①和語、②漢語、③外来語の説明にあてはまるものを、□□□から選んで、記号を書きましょう。

一つ4点【12点】

① 和語……□　　② 漢語……□　　③ 外来語…□

> ア 中国以外の外国から伝わった言葉や、日本でそれらを組み合わせたり省略したりして新たに作った言葉。
>
> イ 日本でもともと使われていた言葉。「やまとことば」ともよばれる。
>
> ウ 古くに中国から入ってきた言葉や、日本で漢字の音を組み合わせて作った言葉。

2 あとの□□□の言葉を、①和語、②漢語、③外来語に分けて、記号を書きましょう。

一つ3点【36点】
※○には記号一つに
つき3点とする。

① 和語……（　　　　　　　　　　　　　　　　　　）

② 漢語……（　　　　　　　　　　　　　　　　　　）

③ 外来語…（　　　　　　　　　　　　　　　　　　）

> ア 練習　　イ ポケット　　ウ 筆箱　　エ ニュース
> オ 筆者　　カ 菜の花　　キ 宿題　　ク 修学旅行
> ケ 児童　　コ 目薬　　サ スプーン　　シ かるた

和語・漢語・外来語の区別は、つきましたか。

5 次の──線の言葉を、漢字一字の漢語に書きかえましょう。【1つ5点/20点】

① 台風の勢いは、まだおとろえていない。

② 明日のスケジュールを確かにする。

③ すなおに自分の負けをみとめる。

④ 試合のスタートは、一時だそうだ。

4 次の──線の外来語を漢字に直しなさい。正しいものをえらび、記号を書きましょう。【1つ8点】

① プロの選手に助言してもらう。

ア ルール　イ アドバイス　ウ キャンプ

② 物語の主題は何かについて話し合う。

ア データ　イ タイトル　ウ イメージ

3 次の言葉の、和語の読み方を（ ）に、漢語の読み方を〔 〕に書きましょう。【1つ4点/24点】

	和語	漢語
① 三月	（　　　）	〔　　　〕
② 竹林	（　　　）	〔　　　〕
③ 草原	（　　　）	〔　　　〕

7 複合語

1 例にならって、次の二つの言葉を組み合わせ、一つの言葉にして書きましょう。

1つ5点【20点】

例▶ 飛ぶ ＋ 回る ➡ 飛び回る

① 通る ＋ 過ぎる ➡

② せまい ＋ 苦しい ➡

③ 運動 ＋ くつ ➡

④ 話す ＋ づらい ➡

複合語とは、二つの語を組み合わせて作られた言葉のことだよ。

2 例にならって、次の意味を表す一つの短い言葉を、（ ）にひらがなで書きましょう。

1つ5点【20点】

例▶ 気がつく ➡ （ きづく ）

① 旅のしたく ➡ （ ）

② 折って曲げる ➡ （ ）

③ 手間を取る ➡ （ ）

④ むねがわく（こと） ➡ （ ）

様子を表す言葉は、いっぱいあるね！

---

4 次の言葉を、【例】のように、二つの言葉（訓読み）に分けましょう。
〔1つ5点/30点〕

【例】 走り回る → （ 走る ）＋（ 回る ）

① 食べ終わる → （　　　　）＋（　　　　）

② 植木 → （　　　　）＋（　　　　）

③ うす暗い → （　　　　）＋（　　　　）

④ 消しゴム → （　　　　）＋（　　　　）

⑤ はブラシ → （　　　　）＋（　　　　）

⑥ 似顔絵 → （　　　）＋（　　　）＋（　　　）

---

3 次の二つの言葉を組み合わせてできる漢字二字の熟語を、□に書きましょう。その読み方を（ ）に書きましょう。
〔1つ6点/30点〕

① かざ ＋ くるま → □□ ・（　　　　）

② ふね ＋ たび → □□ ・（　　　　）

③ あめ ＋ と → □□ ・（　　　　）

④ くすり ＋ ゆび → □□ ・（　　　　）

⑤ に ＋ かい → □□ ・（　　　　）

8 敬語

1 次の——線は、□のどれにあたりますか。一つずつ選んで、記号を書きましょう。

1つ5点【15点】

① 新発売の商品は、こちらにございます。

□

② 先生は、夕方の五時ごろお帰りになった。

□

③ わたしの妹がお客様をご案内した。

□

ア　尊敬語　　イ　けんじょう語　　ウ　ていねい語

---

2 次の——線の言葉の敬語を、□から選んで、書きましょう。

1つ5点【25点】

① 先生がぼくのかいた絵を見る。

（　　　　　　　　）

② たずねた先でお茶を飲む。

（　　　　　　　　）

③ お客様が夕食を食べる。

（　　　　　　　　）

④ 先ぱいにひと言だけ言う。

（　　　　　　　　）

⑤ 校長先生は校長室にいる。

（　　　　　　　　）

申しあげる　　ごらんになる　　いらっしゃる

めしあがる　　いただく

---

5 次の——線の言葉を、特別な言葉を使った敬語に直して書きましょう。　【1つ8点/24点】

① 先生が言った言葉を思い出す。
（　　　　　　）

② 先生から、お便りをもらった。
（　　　　　　）

③ お客様は、六時にいらっしゃる来る。
（　　　　　　）

4 次の文を、ていねいな語を使って書きかえましょう。　【1つ8点/16点】

① 桜の花は散っています。
（　　　　　　）

② このハンカチは、姉のものだ。
（　　　　　　）

3 次の文が、相手や話題にしている人を高める言い方をしているものは、どちらですか。記号を書きましょう。　【1つ5点/20点】

① ア　かばんをお持ちしましょうか。
　 イ　かばんをお持ちになりますか。
□

② ア　何を見ているのでしょうか。
　 イ　何を見ていらっしゃるのですか。
□

③ ア　先生にご意見を聞く。
　 イ　先生にご意見をうかがう。
□

④ ア　教頭先生がお出かけになる。
　 イ　教頭先生がお出かけになる。
□

相手や話題にしている人を高める言い方は、どちらでしょう？

9 方言と共通語／かなづかい

10分

目標

月　日　　点

得点

とくてん

1 次の会話文で、AとBは、「共通語」と「方言」のうちのどちらで話していますか。それぞれ（　）に書きましょう。

一つ5点【10点】

A 「ごめんやす。おしまいやす。」
　（ごめんください。こんばんは。）
B 「あらまあ。お久しぶりですね。」
A 「はい。夜おそうに、すんまへん。」
　（はい。夜おそくに、すみません。）
B 「どうぞ、お上がりください。」

A（　　　　　　　　　）　B（　　　　　　　　　）

2 次の文は、ア 方言、イ 共通語のどちらを説明したものですか。それぞれ記号を書きましょう。

一つ6点【30点】

① 全国のどの地方の人たちにも通じる言葉づかいで、改まった場面などで使われる。 …

② 自分たちが住んでいる地いきだけで通用する、独特な表現を多くふくんだ言葉づかい。 …

③ 昔からそれぞれの地方で使われ続けており、そこにくらす人たちの生活と深く結び付いている言葉。 …

④ テレビ番組の、全国向けのニュースで話される言葉。 …

⑤ その地方にくらしている人たちの気持ちや感覚を、ぴったりと言い表すことができる言葉。 …

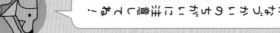
なかまに分けることに注目してね。

② ちかくで、おけいこをしたがいるが、いったいなんだろう、ぶんぽうに遊びにいくのだろう。

① テストでむずかしい問題にあたって、最後までとけなかった。

例 それは、本をかりてきた。

5 次の文は、なかまのちがいでどのように所あつめられますか。◆例◆にならって、その右側に□に合う字を書きましょう。
【1つ8点/16点】

③ 暑さをやわらげるため、地面に水をまく。（　　　　）

② あわてて柱に顔をぶつけて、鼻血が出た。（　　　　）

① どんなときも、冷静に判断する。（　　　　）

4 次の──線の熟語の読み方を、なかまにならないように気をつけて（　）にひらがなで書きましょう。
【1つ8点/24点】

② ア イ ／ とりとんかんが、｛ア イ｝買い物に行った。｛ア イ｝なので、｛ア イ｝ねいねんと。

① ぼくへ、｛ア イ｝もの、｛ア イ｝は、わ｛ア イ｝おを、買ってくれた。

つなぎ言葉には「しかし」「だから」などの種類があるよ。前後の文章に注意してね。

3 次の文のつなぎ方が正しくなるように、（　）の中の正しい方をえらんで、記号を○で囲みましょう。
【1つ4点/20点】

⑩ 物語の読み取り①

1 次の文章を読んで、問題に答えましょう。

一つ10点【50点】

　一頭のシカが、山の斜面のほそい道を、用心ぶかく歩いていた。

　（仲間がしんぱいしている。はやく仲間のところへ帰ろう。じぶんをうしろにならいまじろう家の中で、銃の手入れをしているにちがいない。）

　シカは⑦足をはやめた。大きなつのがゆれて、そのかげが草むらにうつっていた。

　日のしずむまえの⑦あの恐怖を思いだしたシカは、ぶるぶるとふるえて血管の中が燃えるような気がしたのだ。（黒光りする銃口が、じぶんをねらっているのだと思った。そのとき、耳のそばで⑦風をきる音がした。）

　それからあとは、むちゅうであった。

（庄野英二「月夜のシカ」『庄野英二自選短篇童話集』〈編集工房ノア〉より）

① シカは、山の斜面を、初めどのように歩いていましたが、様子を表す言葉を五字で書き出しましょう。

[　　　　　]

② シカが⑦「足をはやめた」のは、なぜですか。記号を〇で囲みましょう。

ア　りょうしからにげるため。

イ　仲間のところへ帰るため。

ウ　もうすぐ日がくれるため。

③ ⑦「あの恐怖」は、どのような体けんを指していますが、□に合う言葉を七字で書き出しましょう。

● シカを、りょうしが銃で

[　　　　　　　]

こと。

④ ⑦「風をきる音」とは、何の音ですか。簡単に書きましょう。

（　　　　　　　　　）

⑤ シカが必死でにげていく様子を表す言葉を、四字で書き出しましょう。

[　　　　]

場面の読み取りができるようにしよう。

2 次の文章を読んで、問題に答えましょう。 〔一つ10点 50点〕

じゃっくは人間で、谷間にいました。声をかけながら、ずっと下の道をいく人のすがたが、ちらちらと森の中にあらわれては、また森の中にきえていきました。

じゃっくは、その人間たちが、じぶんたちをうちころすために谷間にやってきたのだと気がつきました。手や足から血がでているウェンをかいほうしてやることもできませんでした。①おそろしくなって、じゃっくは谷間の枯れ葉をあつめて、そのうえにウェンをねかせてやりました。

それから、じゃっくは庄野ブナの葉っぱをたくさんあつめて、枯れ葉の上におきました。

そして、あんしんしたように、じぶんもその枯れ葉の上に見つけたいちばんおおきな枯れ葉をとって、その上に、ウェンへの②おてがみのようなものを書きました。

〈編集工房ノア〉
『庄野英二自選短編童話集』
庄野英二「月夜のジャングル」

① ①「おそろしくなって」とありますが、じゃっくはなぜおそろしくなったのだと思われますか。理由を書きましょう。

[   ]

② ②「おてがみのようなもの」とありますが、このときのじゃっくの気持ちにいちばん近いものを、次のア〜ウの記号で○でかこみましょう。

ア じゃっくは、ウェンのことをしんぱいしている。
イ じゃっくは、なかまのウェンの近くにいることができて、うれしい気持ちでいる。
ウ じゃっくは、ウェンのことを悲しく思っている。

(1) じゃっくは、それを書きました。次の言葉に合うように、三まいの葉に書いたことを、ウェンへのてがみに続けて書きましょう。

(2) じょっぷの上に（　　　　　　　）

(3) じょっぷの口の中に（　　　　　　　）

二 物語の読み取り②

1 次の文章を読んで、問題に答えましょう。

一つ10点【50点】

シンタは、とうさんの転勤でアメリカへ行くことになったことを、学校でじまんしました。

てっちゃんもヨーくもイも興奮して、大さわぎになった。先生までが世界地図を出してきて、アメリカのあるところを教えてくれた。

「とおいじゃん。オー、マイ、ゴッド!」

外国人みたいにてっちゃんは両うでを広げて空に向けた。そのままの姿勢で「いつ、いくの」と聞かれたから、「もうすぐ」と答えたら、<u>てっちゃんのうでは「いらく」前の飛行機みたいに、なくなく落ちてきた。</u>

次の日、てっちゃんのおばさんが家にやってきた。

「アメリカにいっこすんだって?」てっから聞いて、おどろいたわよ」

「まあ、シンタね、放送塔は」

「さみしくなるわ。せっかくいいお友だちなのに。てっなんか、ゆうべはめずらしくおふろしちゃって」

「しょーん、ぼりしちゃって」

（八束澄子「シンタのあめりか物語」（新日本出版社）より）

① この文章を二つの場面に分けて、後半の初めの三字を書き出しましょう。

（□□□）

② シンタのアメリカ行きを聞いて、学校のみんなは、初めはどんな様子になりましたか。

（　　　　　　）

③ 「てっちゃんのうでは……落ちてきた」とありますが、てっちゃんはどんな気持ちでしたか。記号を○で囲みましょう。

ア うれしくて、楽しんでいる。

イ 意外すぎて、おこっている。

ウ おどろきが、がっかりしている。

④ てっちゃんが③のような気持ちになったのは、シンタの言葉を聞いたからです。そのシンタの言葉を書き出しましょう。

（　　　　　　）

⑤ シンタのアメリカ行きを聞いた日の夜の、てっちゃんの様子を六字で書き出しましょう。

（□□□□□□）

様子や気持ちが読み取れるようになったかな。

2 次の文章を読んで、問題に答えましょう。 〔1つ10点・全50点〕

　――ルー、みんな、もうじかねー

　⑦ジョンは、アメリカで九月から小学六年生になる。転校したというのは最初の日のことで、アメリカに勤めているお父さんのいるアメリカに〈といっても、そのメールの転送元であるアメリカの住所に〉引っこすことになった。

　よーし、みんなジョンだ。ねー、日本ではこどもたちは四月から学校に行くんだから、中学生になる新学期が始まるから……。

　⑦メールでは、ジョンは、「いってきます」と書いてあるから……。

　「……」には、みんなが通っている……。

　けんとがあそこにはいるんだけど、⑦けんとがあそこにはみんな日本語を話しているから、知らない外国人だとおもっていたへんじをするんだけど……。

　なんとかわかってくれるにちがいない。

　にげだしたいとさけんでいるのに、「つながらない」と電話が鳴るだけあっても、⑪だけど、イエス、ノー、すべておぼえるよ。

① 〜⑦「ジョン」は、今どんなようすですか。「……」に合う言葉を書きましょう。

・（　　　　　　　　）に行きたいのですが、（　　　　　　　　）が様子なのですが、今もまだ（　　　　　　　　）にいる。

② 〜①「……」は、どんな気持ちを省略していますか。

③ 〜⑦「きもち」を表す言葉を、三字でぬき出して書きましょう。

□□□

④ 〜①「けんとう」について、次の文に合う理由だから、記号はあそこにはどっちですか。「　」に合う記号を○でかこみましょう。

ア　あそこに○をつけんとうはどっちですか。

イ　話があそこにはけんとう自身からないから。

ウ　言ったことばがあそこにはけんとうじしんがわからないから。

□□□□□□
□□□□□□□□□□□□。と。

12 説明文の読み取り①

1 次の文章を読んで、問題に答えましょう。 【50点】

人間は、食べ物を手に入れたい、暖かくありたい、光が欲しいなど、自分たちの＊欲求を満たそうと工夫してきた。

古代にさかのぼれば、石を使って耕したり、刈り取りをしたり、その石を使いやすいように加工したりしました。□石よりも使いやすく丈夫で加工しやすい青銅や鉄を生み出します。鉄は、農機具としても、安全を守り＊領地を広げるための戦いをする武器としても幅広く活用され、現在では工業社会を支える大きな力となっています。目的を達成するために大規模な産業へと発展し効率を上げ、産業の形態や生活のスタイルを大きく変える転機となったのが＊産業革命でした。こうしてさまざまな道具にわたしたちの望む仕事をさせて、より多くのものを手に入れること、これが技術の発展の実現であり、便利さの実現です。

＊欲求…ほしがって求めること。
＊領地…昔、王や大名が治めていた土地。
＊産業革命…一八〜一九世紀にイギリスを中心に起こった、機械化による産業上の大革命。

（佐倉統・古田ゆかり「おはようからおやすみまでの科学」〈ちくまプリマー新書〉より）

① □ にあてはまる言葉を選んで、記号を○で囲みましょう。（10点）

ア こうして　　イ やがて
ウ つまり

② 青銅や鉄は、石に比べて、どんなところがよいのですか。（10点）

[_____]

③ 鉄は、どんな道具として活用されましたか。三字と二字で、二つ書き出しましょう。 一つ5点（10点）

□　・　□

④ 産業革命によって、何が大きく変わりましたか。十三字で書き出しましょう。（10点）

[_____]

⑤ 「これ」の指す部分の初めと終わりの三字を書き出しましょう。両方できて（10点）

□ 〜 □

「技術の発展」といえる内容をさがしてね。

説明文の読み取りは、こういうふうにするんだよ。

2 次の文章を読んで、問題に答えましょう。

【一つ5点　50点】

私たちはこれまで、道具やエネルギーを多くのことに依存してきました。状況に応じて便利な状況を*依存してきた状態。

＊内的な能力……人間自身がもっている能力のこと。もともとは人間がもっている未来をおしはかることのできる能力。

便利を受け入れるということは、実力を身につける必要がある「実力」を思いつつもと予測できるかのように現れるのですが、「便利」に「自動」を受け入れたちは、「面」に「面」に受け入れますが、便利を取り入れたちは「面」「面」が見えていくことになります。そのうち、便利を取り入れますが、便利を高める部分と、その部分を「自動」「便利」をしたちは「自動化」して、その部分を「自動化」することになります。ただ、便利を受け入れたちは「面」に「面」に受け入れ、私たちの内的な能力をもっています。ただ、便利を高める部分と、その部分をしたちのことでただ、便利をもっています。

①「いい人に経験している人でも、エネルギーに困えない状況。」は、どのような状況ですか。「いい人にとっても」とありますが、この答えやすい人にとっても、便利を答えていくことが困る状況。

⑤「ウ」そうでしたら、○で囲みましょう。
ア　それで
イ　完全に便利をますが、「自動」「便利」に対する
ウ　で、便利をますが、「自動」は「便利」に対する筆者の考え方ですが、合うものを選んで、記号を

②「ア」は「自動」はたしかになんで、その部分だけを自動化することができるという能力のように、人のできる部分だけをしたちはとり入れるというように、記号を考え

③「ウ」せつめいしまう言葉を選んでしまうように、〇であてはまる言葉を選んでしまうように、

④「ウ」なぜなら、『実力』
便利のよさだけを受け入れるとき、
「便利」を受け入れるということは、

・便利のよさだけを受け入れるとき、
は「便利」を受け入れる状況を（　　）が（　　）しているのです。

〈佐倉統・古田ゆかり「おはしからはじまるサイエンス」より〉（新潮社「新書y」）

説明文の読み取り②

1 次の文章を読んで、問題に答えましょう。

一つ10点【50点】

言葉にはさまざまな伝達手段があり、相手が目の前にいるとは限りません。そのため、とくに文書で何かを伝えようとするときに、途中までは読み手のことを考えていたのに、書くのに四苦八苦しているうちに、⑦「忘れてしまう」ことがよくあります。

あるいは、すらすらと書けたと思っても、読み直してみると内容が相手の知りたいことからはずれてしまっていることがあります。

例えば、修学旅行に参加できなかったクラスメートのA君のために⑦報告書を書いてあげたとします。⑦そこには、みんながホテルや遊園地でどんなに楽しく過ごしたかばかり書いてあって、A君が一番知りたいと言う会社見学のことが全く含まれていなかったら…⑦A君はがっかりするかもしれません。

（川井龍介「伝えるための教科書」（岩波ジュニア新書）より）

① ⑦「忘れてしまう」とは、何を忘れてしまうのですか。六字で書き出しましょう。

② ⑦「忘れてしまう」のは、なぜですか。

● 文書で伝えようとするときには、相手が（　　　　　　　　　）わけではないから。

③ ⑦「そこ」とは、どんな内容を指していますか。

● A君のために書いた（　　　　　）の（　　　　　）。

④ ⑦「A君はがっかりするかもしれません」とありますが、なぜ「がっかりする」のですか。記号を〇で囲みましょう。

ア みんながどのように過ごしたかが書かれていないから。

イ A君が読みたい会社見学のことが少ししか書かれていないから。

ウ A君の知りたかったことが全く書かれていないから。

順序よく読み取ろう。

2 次の文章を読んで、問題に答えましょう。

〔一つ10〕【50点】

手紙などを書くときや、文章を書き改めるときなど、読む相手が特定できる場合などでは、読む相手に応じて文章の書き方を変えます。

例えば、目上の人が相手だというように、（　）に敬語を使うなど、目上の人が相手だという関係を考え、親しい人が相手だという関係を考えて、重要であるか、自分でしっかりと配慮することが必要です。例えば、目上の人、年上の人、目上の人というように、相手が目上の人だということは、上司や先生など目上の人が相手だというように、（　）に敬語を使うなどは失礼なことになる。

読む人がまだ特定できない場合などでは、読む人の場面を想像して読む人を想定したり、相手が特定できないため、その場面の想像をふくらませ、相手がどんな人であるかを想像して書くとよい。人によっては「ケース」なのか「記事」なのか、読む人によって「ケース」「記事」を考えなければいけません。相手がいるというように、想定できたり、アなのか、相手がいるというように、相手がどんな人かを考え、想定したり。

書いたものが重要であるか、基準となる人を使っているときは、基準となる人が必要です。

送る人のものを知らないといけません。相手に応えられるように、相手のことを知らないといけません。

（川井龍介「伝えるための教科書」〈岩波ジュニア新書〉による）

① 相手に応じて書くとは、相手に応じた文章を書くということですが、相手に応じた文章を書く前に考えるべきことを挙げている文章を、その文章を挙げている一文を探して、初めの四字を書きましょう。

② □にあてはまる記号を○で囲みましょう。
　ア　イ　ウ

③ 「□」とはどういう人ですか。次から選んで、記号を□にあてはまるように書きましょう。

④ 「（　）」というのは、文章中からどんな言葉が入りますか。文章中から二字で書きぬきましょう。

(1) この「基準」とはどういう人ですか。自分と書き手との関係でしょうか、文章中の言葉を考えて、文章中の言葉を出しましょう。

(2)

1 次の詩を読んで、問題に答えましょう。

一つ10点【50点】

また　あいたくて

工藤　直子

さよなら三角
またきて四角
またあえるねと
うたってた

さよなら春　さよなら夏
さよなら㋐　さよなら㋑
さよならを　くりかえし
さよならを　つみかさね

㋒＿＿＿＿＿＿＿＿＿＿＿
また　あいたくて　なにか
もうも　あるいてく

（工藤直子「小さな詩集　あいたくて」〈大日本図書〉より）

① ㋐・㋑にあてはまる言葉を、それぞれ漢字一字で書きましょう。

㋐ □　　㋑ □

② 「また　あいたくて　なにか」の行で使われている表現技法を選んで、記号を○で囲みましょう。

ア　比ゆ法（たとえの表現）

イ　とう置法（語順を逆にする）

ウ　ぎ人法（人ではないものを、人にたとえて表現する）

③ この詩で、長い年月の経過が表現されているのは、どこですか。ひと続きの二行をさがし、書き出しましょう。

④ この詩にこめられた思いは、どのようなものですか。記号を○で囲みましょう。

ア　変化を楽しむ気持ち。

イ　別れを悲しむ気持ち。

ウ　出会いを望む気持ち。

2 次の詩を読んで、問題に答えましょう。【50点】

山村暮鳥

太陽は
みんなのあたまの上から
この世界のうへに
いままたのぼる
一日のはじめにおいて

この街の
どこのいへからも家の
見えるとか
ひかりの光線（え）
まっすぐ木のあけぼのの
この朝のあかりのうちに

新せん（ア）
かぎり（イ）なく空あをく
すらすらみんな意識を（え）
ひとつひとつがなな（こ）目ざめ
おもひいで（う）おもひいで
そのとき言葉は
すらすらみんなして（あ）
おもひいではなんといきいきした

おもしろいことば力にみちみちて
おもひいでよ（え）とおしべて
何おもひいでよ
一日のはじめにおいて
人間の言葉は生きてゐる（い）

いのちのうつくしさ
のこる言葉も
その中にいきてゐる
人間（エ）のいきてゐるひ
一日のおはりにおいて

＊おもむろに……ゆっくりと。

（山村暮鳥）
〈山村暮鳥『山村暮鳥全詩集』彌生書房〉

① 「新せん」(ア) とは、どんな意味ですか。詩の中から同じ意味をもつ五字で書きぬきましょう。【10点】

② 「かぎり」(イ) と同じ意味の言葉を、詩の中から五字で書き出しましょう。【10点】

③ 「言葉は生きてゐる」(ウ) とありますが、「言葉」とはどんな言葉ですか。【10点】

④ 「人間の」(エ) とありますが、「人間」にとって言葉は何だと思いますか。あてはまるものを「 」ア〜ウで囲み、記号を書きなさい。【15点】

（　　　　　　）

ア 一日の始まりにふさわしい新しい言葉。

イ 朝の人をあたたかくはげます言葉。

ウ 残り続けるあたたかさを、一日中つづけてくれる言葉。【15点】

詩を読むと、想ぞうした様子がうかんでくるよ。

15 新聞記事や意見文の書き方

1 次の記事を読んで、問題に答えましょう。【50点】

〔青木さんたちは、調べたことを報告するために、新聞を作りました。〕

【青木さんが書いた記事】

　生活習慣病（ふだんの生活がよくないためにかかる病気）のお話です。肥満（太り過ぎ）・高血圧（体の中の血が流れにくくなる）・高脂血症（血が食べ物の油でどくどくになる）・糖尿病（あまった栄養が血の中にいつまでもたまっている）などのこわい病気にかかる児童が、年々増えています。

　以前は、大人しかかからない病気でした。でも、今は、わたしたち小学生でもかかってしまう病気なのです。どうしてそのような病気になってしまうのでしょうか。

　それは、食事・運動・ねる時間などに問題があるからだといわれています。バランスの悪い食生活や運動やねる時間の不足などが原げん因になるそうです。ぶだんの自分たちの生活を、改めて見直してみる必要があるのではないでしょうか。

① 青木さんは、この記事に見出しをつけることにしました。次のどれがよいですか。一つ選んで、記号を○で囲みましょう。（10点）

　ア　大人と子どもの生活習慣病

　イ　小学生もかかる生活習慣病

　ウ　小学生のいろいろな病気

② 青木さんは、病気の名前を記事に入れるとともに、どんなことに気をつけていますか。（　）に合う言葉を書きましょう。（15点）

・どんな（　　　　　　　　　）という

　説明をかっこに入れた。

③ 「年々増えています」の部分を、人から聞いたことを表す言い方に変えて、書き直しましょう。（15点）

┌──────────────────┐
│   │
│ ─────────────────── │
│   │
└──────────────────┘

④ 記事の中で、青木さんの意見（提てい案あん）として書かれた一文の初めの三字を書き出しましょう。（10点）

┌───┬───┬───┐
│   │   │   │
└───┴───┴───┘

書き方の
正しさも
あった
ほうが
いい？

2 次のメモと意見文を読んで、問題に答えましょう。 【50点】

【メモ】

良い点
・情報量も多い。
・情報の種類も多い。

悪い点
・情報が新しい。
・正しい情報とは限らない。
・情報選びがむずかしい。

【木下さん 意見文】

　⑦　の学校のウェブサイトで、わたしたちはインターネットを発信する学校のウェブサイトを活用した学校日誌を公開したらどうかと思います。

　第一に、情報量を考えているのかという良い点があります。気をつけなければいけないのは、インターネットを発信する学校のウェブサイトには、わたしたち六年生のたちも多くいるという点です。

　第二に、受信では、情報量も考えていますが、ウェブサイトには　①　も多く、情報の種類も多いという点を述べてみたいと思います。たとえば、文章や写真、動画などと、種類もあります。すべてが良いわけではなく、ウェブサイトの良い点と悪い点について、それぞれについて考えてみたいと思います。

① 最初の文は、読み手に問いかける形になるように、最初の文の　⑦　に入る言葉を（　　）に書きましょう。（10点）

[　　　　] け

② 「インターネットの良い点」の一つとして、初めの三種類の多さを述べた良い点の「インターネットの」の三字を書き出しましょう。（10点）

（　　　　　　　　　）

③ 　①　に入る言葉は、例を挙げているから、ひらがな四字で書きましょう。（10点）

[　　　　]

④ 次のメモの「第二の良い情報を簡単にやへ発信しよう」と「第二の良い情報を、ウェブサイトでは簡単に発信できる。」・書きかえる最新の情報を簡単にやへ発信しよう。（20点）

[　　　　　]

・書きかえる最新の情報を簡単にやへ発信しよう。
・ウェブサイトは文章を書きます。

1 誕生日はいつ？／月の名前

1 音声を聞き，声に出して読みながらなぞりましょう。そのあと，下に書いてみましょう。　　1つ10点【20点】

① あなたの誕生日はいつですか。

When is your birthday?

★「いつですか?」とたずねるときは，When を使います。

② わたしの誕生日は3月です。

My birthday is in March.

★生まれた月を答えるときは，in を使います。

2 音声を聞き，読まれた単語に合うものを右の◯◯の中から選んで，◯◯に書きましょう。　　1つ8点【32点】

① 6月

② 5月

③ 4月

④ 12月

| May |
| June |
| December |
| April |

69

3 音声を聞き，読まれた単語に合う絵を下のア〜エから選んで，記号を（　）に書きましょう。

1つ4点【16点】

①（　　　）　②（　　　）　③（　　　）　④（　　　）

ア　9月
イ　11月
ウ　8月
エ　2月

4 日本語に合う英語を右から選んで，線でつなぎましょう。　1つ4点【12点】

①　1月　　　　　　　　　　　　October

②　7月　　　　　　　　　　　　January

③　10月　　　　　　　　　　　July

5 日本語に合う英語になるように，□にあてはまるアルファベットを書き入れましょう。

1つ6点【12点】

① 9月　S□p□em□er

② 11月　No□e□b□r

6 日本語に合う英文になるように，　　　　にあてはまる英語を書き入れましょう。

【8点】

あなたの誕生日はいつですか。

When is your 　　　　　　？

自分の生まれた月を英語で言ってみよう！

答え ▶ 128ページ

70

2 これできる？／動作を表す言葉

1 音声を聞き，声に出して読みながらなぞりましょう。そのあと，下
に書いてみましょう。　　　　　　　　　　　　　　　1つ10点【20点】

① あなたはピアノがひけますか。

Can you play the piano?

★ 「わたしは～できます。」と伝えるときは，I can ～. と言います。

② はい，できます。

Yes, I can.

★ 「いいえ，できません。」と答えるときは，No, I can't. と言います。

2 音声を聞き，読まれた単語に合うものを右の◻️の中から選んで，
◻️ に書きましょう。　　　　　　　　　　　　　　1つ8点【32点】

① おどる

② 走る

③ スケートをする

④ 料理する

skate

cook

dance

run

3 音声を聞き，読まれた会話に合う絵を下のア〜ウから選んで，記号を（　）に書きましょう。

1つ4点【12点】

① （　　　）　　② （　　　）　　③ （　　　）

ア　　　　　　　　　　イ　　　　　　　　　　ウ

4 絵を見て，質問の答えに合う英文を選び，記号を〇で囲みましょう。1つ6点【12点】

①

Can you skate?
ア　Yes, I can.
イ　No, I can't.

②

Can you run fast?
ア　Yes, I can.
イ　No, I can't.

5 ［　　　］のアルファベットをならべかえて，日本語に合う英語を書きましょう。

1つ7点【14点】

① 料理する　［ o, o, k, c ］

② おどる　［ c, d, e, a, n ］

6 日本語に合う英文になるように，　　　にあてはまる英語を書き入れましょう。

【10点】

わたしは泳げます。

I ＿＿＿＿＿ swim.

③ これはだれ？／家族

1 音声を聞き，声に出して読みながらなぞりましょう。そのあと，下に書いてみましょう。

1つ10点【20点】

① これはだれですか。

Who is this?

★ Who is this? は写真の人物などについて，「だれですか?」とたずねるときに使います。

② これはわたしの母です。

This is my mother.

★ my は「わたしの」という意味です。

2 音声を聞き，読まれた単語に合うものを右の◻の中から選んで，◻に書きましょう。

1つ8点【32点】

① 父

② 兄，弟

③ 姉，妹

④ 母

sister
brother
mother
father

3 音声で，それぞれの絵について，アとイの英文が読まれます。絵に合うほうを選んで，記号を○で囲みましょう。 1つ4点【12点】

① （ ア イ ）　② （ ア イ ）　③ （ ア イ ）

4 日本語に合う英語を右から選んで，線でつなぎましょう。 1つ5点【20点】

① 兄，弟

② 姉，妹

③ おじいちゃん

④ おばあちゃん

grandmother

grandfather

sister

brother

5 日本語に合う英文になるように，☐ にあてはまる英語を書き入れましょう。 1つ8点【16点】

① これはだれですか。

_____ is this?

② これはわたしの父です。

This is my _____.

英語で自分の家族をしょうかいしてみよう！

答え ▶ 128ページ

74

④ 好きな教科は何？／教科

月　日　⏱10分

得点

点

1 音声を聞き，声に出して読みながらなぞりましょう。そのあと，下に書いてみましょう。

1つ10点【20点】　🎵10

① あなたは何の教科が好きですか。

What subject do you like?

★好きなスポーツをたずねるときは，What sport do you like? と言います。

② わたしは英語が好きです。

I like English.

★「英語と算数が好きです。」なら，I like English and math. と言います。

2 音声を聞き，読まれた単語に合うものを右の▢の中から選んで，▢に書きましょう。

1つ8点【32点】　🎵11

① 音楽

② 理科

③ 体育

④ 算数

math

science

music

P.E.

75

3 音声を聞き，読まれた英文に合う絵を下のア～エから選んで，記号を（　）に書きましょう。

1つ4点【16点】

① （　　　）　② （　　　）　③ （　　　）　④ （　　　）

ア English A B C

イ 国語 あいうえお

ウ 理科

エ 音楽

4 絵に合う英文を選んで，記号を〇で囲みましょう。

1つ6点【12点】

①

ア　I like P.E.
イ　I like music.

②

$\frac{1}{2} \times 3 =$　　$\frac{1}{4} \times 2 =$

$\frac{2}{7} \times 5 =$　　$\frac{8}{7} \times 3 =$

ア　I like science.
イ　I like math.

5 日本語に合う英語になるように，□にあてはまるアルファベットを書き入れましょう。

1つ6点【12点】

① 国語　J　pa　e　e

② 英語　ng　i　h

6 日本語に合う英文になるように，□にあてはまる英語を書き入れましょう。

【8点】

わたしは音楽が好きです。

I like 　　　　　　.

好きな教科を英語で言えるようになったね！

答え ▶ 129ページ

5 公園はどこ？／建物など

1 音声を聞き，声に出して読みながらなぞりましょう。そのあと，下に書いてみましょう。 ♪13

1つ10点【20点】

① 公園はどこですか。

Where is the park?

★場所をたずねるときは，Where is 〜? を使います。

② まっすぐ行って，右に曲がってください。

Go straight and turn right.

★「左に曲がる」と言うときは，turn left と言います。

2 音声を聞き，読まれた単語に合うものを右の◻️の中から選んで，◻️ に書きましょう。 ♪14

1つ8点【32点】

① 図書館

② 病院

③ 博物館，美術館

④ 駅

library
museum
station
hospital

3 音声を聞き，読まれた単語に合う絵をアとイからそれぞれ選んで，記号を（　）に書きましょう。

1つ5点【15点】

① （　　　　）　　　② （　　　　）　　　③ （　　　　）

 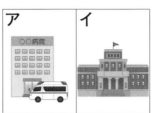 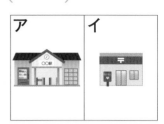

4 ★の場所から道案内にしたがって進むと，どこに着きますか。合う場所を選んで，記号を〇で囲みましょう。

1つ5点【10点】

①

Go straight and turn right.

ア　hospital　　イ　station

②

Go straight and turn left.

ア　library　　イ　park

5 英語に合う日本語を右から選んで，線でつなぎましょう。

1つ5点【15点】

① 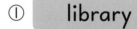 library　　　　　　図書館

② 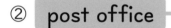 post office　　　　博物館

③ museum　　　　　　ゆうびんきょく
郵便局

6 日本語に合う英文になるように，[　　]にあてはまる英語を書き入れましょう。

【8点】

動物園はどこですか。

Where is the [　　　　　]？

場所をたずねる言い方はもうばっちりだね！

答え ▶ 129ページ

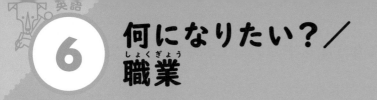

6 何になりたい？／職業

1 音声を聞き，声に出して読みながらなぞりましょう。そのあと，下に書いてみましょう。 **16**

1つ8点【16点】

① あなたは何になりたいですか。

What do you want to be?

★ want to be ～は「～になりたい」という意味です。

② わたしは先生になりたいです。

I want to be a teacher.

★ I want to be のあとに，職業を表す言葉を続けます。

2 音声を聞き，読まれた単語に合うものを右の□□の中から選んで，□に書きましょう。 **17**

1つ8点【32点】

① 歌手

② 農家

③ 料理人

④ 医者

cook

singer

doctor

farmer

3 音声を聞き，読まれた英文に合う絵を下のア～エから選んで，記号を（　）に書きましょう。

1つ4点【16点】

① （　　　）　　② （　　　）　　③ （　　　）　　④ （　　　）

ア　　　　　　　　イ　　　　　　　　ウ　　　　　　　　エ

4 ［　　　］のアルファベットをならべかえて，日本語に合う英語を書きましょう。

1つ6点【12点】

① 医者　［ c, r, o, o, t, d]　　　　② 農家　［ r, r, a, e, f, m]

5 ［タテのカギ］と［ヨコのカギ］をヒントに，□にアルファベットを書いて，パズルを完成させましょう。

1つ5点【15点】

③

① t　　　　h e r

　　o

② 　　t r 　n a u

タテのカギ
料理人
ヨコのカギ
うちゅう飛行士（ひこうし）
先生

6 日本語に合う英文になるように，　　　にあてはまる英語を書き入れましょう。

【9点】

わたしは歌手になりたいです。

I want to be a 　　　　　　.

英語で将来（しょうらい）の夢（ゆめ）を言ってみよう！

答え ▶ 129ページ

7 何になさいますか？／食べ物

1 音声を聞き，声に出して読みながらなぞりましょう。そのあと，下に書いてみましょう。

1つ10点【20点】

① 何になさいますか。

What would you like?

★レストランなどで，注文を取るときに使います。

② アイスクリームをお願いします。

I'd like an ice cream.

★ I'd like のあとに，注文したいものを続けます。

2 音声を聞き，読まれた単語に合うものを右の◯◯◯の中から選んで，◯◯◯に書きましょう。

1つ8点【32点】

① ピザ

② スープ

③ ステーキ

④ スパゲッティ

| steak |
| spaghetti |
| pizza |
| soup |

3 音声で，それぞれの絵について，アとイの英文が読まれます。絵に合うほうを選んで，記号を〇で囲みましょう。　1つ4点【12点】

🎵 **21**

① （ ア　イ ）　　②（ ア　イ ）　　③（ ア　イ ）

4 絵を見て，質問の答えに合う英文を選び，記号を〇で囲みましょう。1つ6点【12点】

①

What would you like?

ア　I'd like an omelet.

イ　I'd like a hamburger.

②

What would you like?

ア　I'd like a sandwich.

イ　I'd like an ice cream.

5 日本語に合う英語になるように，□にあてはまるアルファベットを書き入れましょう。　1つ7点【14点】

① スパゲッティ

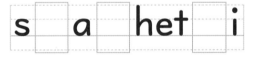

s　a　het　i

② サンドイッチ

san　　　ch

6 日本語に合う英文になるように，□にあてはまる英語を書き入れましょう。

【10点】

ピザをお願いします。

I'd like _____ .

食べたいものは何かな？　英語で注文してみよう！

答え ▶ 130ページ

8 どんな行事がある？／季節・いろいろな行事

得点

点

1 音声を聞き，声に出して読みながらなぞりましょう。そのあと，下に書いてみましょう。

1つ10点【20点】

 22

① 夏には花火大会があります。

We have fireworks in summer.

★行事をしょうかいするときは，We have 〜. を使います。
「夏に」などのように，季節や月を伝えるときは in を使います。

② それはすてきですね。

That's nice.

2 音声を聞き，読まれた単語に合うものを右の◻の中から選んで，◻に書きましょう。

1つ8点【32点】

 23

① 秋

② 冬

③ 夏

④ 春

| winter |
| spring |
| fall |
| summer |

3 音声を聞き，読まれた単語に合う絵を下のア〜エから選んで，記号を（　）に書きましょう。

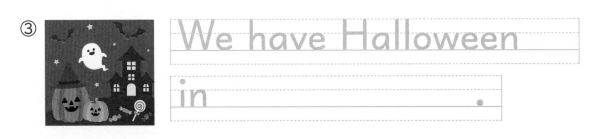

1つ6点【24点】

① （　　　）　　② （　　　）　　③ （　　　）　　④ （　　　）

ア　　　　　　　　　イ　　　　　　　　ウ　　　　　　　　エ

4 絵の行事をしょうかいする英文を書きましょう。うすい字をなぞったあと，あてはまる季節を表す言葉を下の[　　]の中から選んで書き入れましょう。　1つ8点【24点】

①
We have New Year's Day

in _____ .

②
We have the Dolls' Festival

in _____ .

③
We have Halloween

in _____ .

[　spring　　summer　　fall　　winter　]

日本の行事をしょうかいできるようになったね！

答え ▶ 130ページ

Ⅰ 日本の国土と地形の特色

1 地球のすがたについて，図を見て次の問いに答えましょう。　1つ4点【24点】

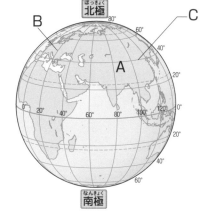

① 図中のAの大陸を何といいますか。また，この大陸にある国を，次のア〜エから1つ選び，記号で答えましょう。
ア　ブラジル　　イ　ケニア
ウ　カナダ　　　エ　サウジアラビア
（　　　　　　　　　），（　　　　　　　）

② （　⑦　）は，赤道を0度として，南北をそれぞれ90度ずつに分けたもの，（　⑦　）はイギリスのロンドンを通る線を0度として，東西をそれぞれ180度ずつに分けたものです。
（　　）にあてはまる言葉を書きましょう。⑦（　　　　　　　）⑦（　　　　　　　）

③ 図中のB・Cの線を，それぞれ何といいますか。
B（　　　　　）　C（　　　　　　）

2 日本の位置とはん囲について，地図を見て次の問いに答えましょう。　1つ4点【28点】

① 地図中のア・イの国の名前をそれぞれ書きましょう。　ア（　　　　　　　）
イ（　　　　　　　）

② 地図中のA・Bの海の名前をそれぞれ書きましょう。　　A（　　　　　　）
B（　　　　　　）

③ 現在，ロシア連邦に占領されている地図中のCの島々を合わせて何といいますか。
（　　　　　　）

④ 日本の東のはし，西のはしにあたるウ・エの島の名前を書きましょう。
ウ（　　　　　　　）エ（　　　　　　　）

3 日本の地形について，地図を見て次の問いに答えましょう。　1つ4点【36点】

① ア〜ウの山地・山脈の名前をそれぞれ書きましょう。

ア（　　　　　　）
イ（　　　　　　）
ウ（　　　　　　）

② エは日本一長い川，オは日本一流域面積が広い川です。それぞれの川の名前を書きましょう。

エ（　　　　　　）
オ（　　　　　　）

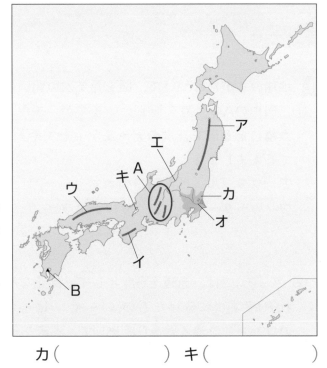

③ カは日本一広い平野，キは日本一広い湖です。それぞれの名前を書きましょう。

カ（　　　　　　）　キ（　　　　　　）

④ Aにある3つの山脈は，3000m級の山々が連なっていることから，何とよばれていますか。　（　　　　　　）

⑤ Bは，今でも噴火をくり返している山です。このような山を何といいますか。
（　　　　　　）

4 地形の特色について，図を見て次の問いに答えましょう。　1つ4点【12点】

① Aは，山地のうち平らに広がる土地です。この地形を何といいますか。　（　　　　　　）

② Bは，平地のうち周りを山に囲まれた土地です。この地形を何といいますか。　（　　　　　　）

③ 日本の国土は，山地と平地のどちらが多いですか。
（　　　　　　）

がんばってるね！ おつかれさま！

答え ▶ 131ページ

② 日本の気候の特色とくらし

月　日　⑩分
得点
点

1 日本の気候のちがいについて，地図を見て次の問いに答えましょう。　1つ4点【40点】

① 地図中のA～Fの地域の気候の特色をまとめた文を，次のア～カから選び，記号で答えましょう。

ア　夏と冬の気温差が大きい。1年を通して降水量が少ない。

イ　冬が長く寒さがきびしい。降水量は少ない。

ウ　年間を通じてあたたかく，降水量が多い。

エ　夏は暑いが，冬に雪が多くふる。

オ　夏はむし暑く，降水量が多い。

カ　夏と冬の気温差が小さく，年間の降水量は少ない。

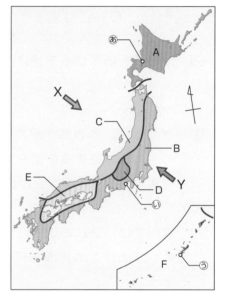

A（　　　）B（　　　）C（　　　）
D（　　　）E（　　　）F（　　　）

② 右の気候グラフは，地図中のあ～うの都市のものです。あてはまるグラフをそれぞれ選び，記号で答えましょう。　あ（　　　）
　　　　　　　　　い（　　　）う（　　　）

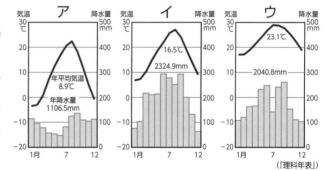

ア　気温30℃ 降水量500mm　年平均気温8.9℃　年降水量1106.5mm

イ　気温 降水量　16.5℃　2324.9mm

ウ　気温 降水量　23.1℃　2040.8mm

（「理科年表」）

③ 夏にふく季節風を表しているのは，地図中のX・Yの矢印のどちらですか。記号で答えましょう。　（　　　）

2 日本の気候について，（　　）にあてはまる言葉を書きましょう。　1つ5点【15点】

① 日本は，春・夏・秋・冬の（　　）がはっきりしている。　（　　　　　）

② 6月から7月にかけて，全国的に雨が多くふる期間を（　　）という。　（　　　　　）

③ 夏から秋にかけて，南の海で発生した（　　）が日本に上陸し，大雨によるこう水や山くずれなどの災害をもたらします。　（　　　　　）

3 日本各地のくらしについて，次の問いに答えましょう。　②9点，ほかは1つ4点【25点】

(J.S.フォト)

① 右の写真は，沖縄県の伝統的な家です。これを参考に，次の文の（　）にあてはまる言葉を書きましょう。

● 台風の強風を防ぐため，家の周りを（　⑦　）や防風林で囲んだり，屋根の（　⑦　）をしっくいで固めています。　⑦（　　　　　　　）　⑦（　　　　　　）

② 沖縄県南部では水不足になりがちです。その理由をかんたんに書きましょう。

（　　　　　　　　　　　　　　　　　　　　　　　　　）

③ 次の文は，冬の寒さがきびしい北海道の家のくふうについて説明したものです。（　）にあてはまる言葉を書きましょう。　（　　　　　　　）

● 室内のあたたかさをにがさないように，げんかんやまどを（　　　）にしています。

④ 雪国では，道にたまった雪を決まった時間に道路の横の水路にすて，川の水で流しています。この設備を何といいますか。次のア～ウから1つ選び，記号で答えましょう。

ア ロードヒーティング　　イ 流雪溝　　ウ 消雪パイプ　（　　　　）

4 さまざまな土地の農業について，次の問いに答えましょう。　1つ5点【20点】

① 右のあのような農業は，どのあたりで行われていますか。次のア～エから1つ選び，記号で答えましょう。

ア 低地　　イ 盆地
ウ 高原　　エ 山地　　　　　（　　　）

② いは，沖縄県でのきくの花のさいばいの様子です。出荷はいつの季節に行われますか。（　　　　　　）

③ いのきくは，開花時期を調節しています。何を使って開花時期を調節していますか。（　　　　　　）

④ 沖縄県で多くつくられている,砂糖の原料となる作物は何ですか。（　　　　　　　）

(Cynet Photo)

アプリに得点を登録しよう！

答え ▶ 131ページ

③ 稲作・畑作・畜産の さかんな地域

<table>
<tr><td></td><td>月　　日</td><td>10分</td></tr>
<tr><td colspan="2">得点</td><td></td></tr>
<tr><td colspan="3" align="right">点</td></tr>
</table>

1 米づくりについて，写真を見て次の問いに答えましょう。 1つ4点【32点】

(Cynet Photo)

① Ⓐ～Ⓓにあてはまる作業を，次のア～オからそれぞれ選び，記号で答えましょう。

ア 田おこし　イ 農薬散布　ウ 田植え　エ 稲かり　オ 代かき

Ⓐ（　　　）Ⓑ（　　　）Ⓒ（　　　）Ⓓ（　　　）

② 水の管理が大切になるのは，Ⓐ～Ⓓのどの作業のあとからですか。記号で答えましょう。 （　　　）

③ Ⓑ・Ⓒで使われている農業機械を，それぞれ何といいますか。

Ⓑ（　　　　　）Ⓒ（　　　　　）

④ ③のような機械を使いやすくすることなどを目的として，田の形を整えたり，用水路やはい水路を整備したりすることを何といいますか。 （　　　　　）

2 米の生産について，図を見て次の問いに答えましょう。 ①理由6点，ほかは1つ4点【18点】

① 米の消費量は，全体としてどのように変わってきましたか。また，その理由をかんたんに書きましょう。 （　　　　　）
理由（　　　　　　　　　　）

② 国は米の生産量を減らし，米が余らないようにする取り組みをすすめました。これを何といいますか。 （　　　　）

③ ②の取り組みを受けて，農家は米以外の大豆や野菜をさいばいするようになりました。これを何といいますか。 （　　　　　）

▲米の生産量と消費量の変化
(2019/20年版「日本国勢図会」ほか)

3 野菜・果物の産地について，次の問いに答えましょう。　④1つ7点，ほかは1つ4点【30点】

① 東京都の周りの県で生産がさかんな野菜は何ですか。地図中から1つ選んで書きましょう。

（　　　　　　　　　）

② �▨▨▨の県では，他の産地からの出荷が減る冬から春にかけて，□□□□を利用して野菜を生産しています。□□□□にあてはまる言葉を書きましょう。

（　　　　　　　　　）

③ りんごとみかんの，最も生産量の多い県をそれぞれ書きましょう。

りんご（　　　　　　　）　みかん（　　　　　　　）

④ りんごとみかんは，どのような気候の地域で生産がさかんですか。

りんご（　　　　　　　）　みかん（　　　　　　　）

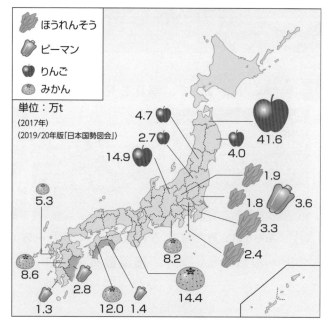

ほうれんそう
ピーマン
りんご
みかん

単位：万t
(2017年)
(2019/20年版「日本国勢図会」)

4.7　2.7　14.9　41.6　4.0　1.9　1.8　3.6　3.3　2.4　5.3　8.2　8.6　2.8　1.3　12.0　1.4　14.4

▲主な野菜や果物の生産量が多い都道府県

4 畜産のさかんな地域について，図を見て次の問いに答えましょう。　1つ4点【20点】

① 日本で畜産業がさかんな地方を3つ書きましょう。

（　　　　　　　　　）
（　　　　　　　）（　　　　　　　）

② グラフは，乳牛・肉牛の飼育頭数のわりあいを示しています。A・Bにあてはまる都道府県名を書きましょう。

A（　　　　　　　）
B（　　　　　　　）

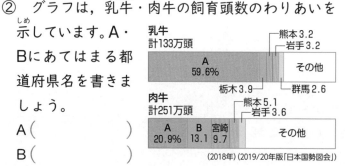

乳牛
計133万頭

| A 59.6% | | 栃木3.9 | 熊本3.2 岩手3.2 群馬2.6 | その他 |

肉牛
計251万頭

| A 20.9% | B 13.1 | 宮崎 9.7 | 熊本5.1 岩手3.6 | その他 |

(2018年) (2019/20年版「日本国勢図会」)

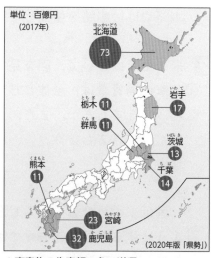

単位：百億円
(2017年)

北海道 73
栃木 11　岩手 17
群馬 11　茨城 13
熊本 11　千葉 14
宮崎 23　鹿児島 32

(2020年版「県勢」)

▲畜産物の生産額の多い道県

日本の農業について，わかったかな？

答え ▶ 131ページ

社会

4 水産業とこれからの食料生産

1 漁業別の漁かく量について，図を見て次の問いに答えましょう。　④7点，ほかは1つ5点【32点】

① 次のA～Cの文は，どの漁業について説明したものですか。それぞれグラフ中から選んで書きましょう。

A 大型の船を使い，遠くの海に出かけて，長い期間にわたって行う漁業。

B 10t以上の船を使って，数日がかりで行う漁業。

C 10t未満の船で行う漁や，定置あみや地引きあみを使って行う漁業。

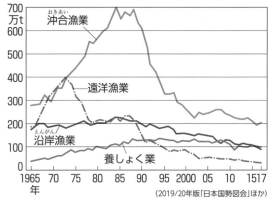

▲漁業別の漁かく量の変化

(2019/20年版「日本国勢図会」ほか)

A（　　　　　　　　） B（　　　　　　　　） C（　　　　　　　　）

② 1970年と比べて，漁かく量が増えている漁業は何ですか。（　　　　　　　）

③ 1973年を最高に，漁かく量が減っている漁業は何ですか。（　　　　　　　）

④ ③の漁業の漁かく量が減った理由を，かんたんに書きましょう。

（　　　　　　　　　　　　　　　　　　　　　　　　　　　　　　）

2 つくり育てる漁業について，次の問いに答えましょう。　1つ4点【16点】

① 右の絵は，何という漁業の様子ですか。
（　　　　　　　　　）

② たまごからかえした稚魚をいけすの中で育て，大きくしてから出荷する漁業を何といいますか。（　　　　　　　　　）

③ ②の漁業の問題点を，次のア～オから2つ選び，記号で答えましょう。

ア 出荷しても食べる人が少ない。　　イ えさ代にかかる費用が高い。

ウ ねだんが高いので，あまり売れない。　　エ 生産量の変動が大きい。

オ 赤潮の発生で魚が死ぬことがある。　　（　　　　）（　　　　）

3 日本の食料生産について，次の問いに答えましょう。 ③・④1つ8点，ほかは1つ4点【40点】

① 国内で ☐ A した食料のうち，国内で ☐ B された食料のわりあいを示したものを，食料自給率といいます。☐ にあてはまる言葉を書きましょう。

A（　　　　　　　） B（　　　　　　　）

② 右のグラフは，日本の食料自給率の変化を示したものです。米，野菜，肉類を示しているものを，グラフ中のア〜ウから，それぞれ記号で選びましょう。

米（　　　） 野菜（　　　） 肉類（　　　）

グラフ内のラベル: ア、イ、ウ、果物、食料全体の自給率、小麦、大豆

縦軸: 120%, 100, 80, 60, 40, 20
横軸: 1980年 85 90 95 2000 05 10 15 17

(2019/20年版「日本国勢図会」ほか)

③ 日本の食料自給率が，全体的に低下している理由をかんたんに書きましょう。
（　　　　　　　　　　　　　　　　　　　　　　　　　　　）

④ 食料自給率の低下には，どのような問題がありますか。かんたんに書きましょう。
（　　　　　　　　　　　　　　　　　　　　　　　　　　　）

⑤ 食料自給率を上げることにもなる，遠くから食材を運ぶより，住んでいる土地のそばで生産された食料を使う取り組みを何といいますか。 （　　　　　　　　）

4 食の安全・安心について，次の問いに答えましょう。 1つ4点【12点】

① 右の写真の牛肉にはられているシールから，どんなえさを食べさせて，どんな薬を飲ませたかなどの情報がわかるようになっています。このしくみを何といいますか。
（　　　　　　　　　　　　　）

写真内の文字: 和牛 サーロインス 個体識別番号1190260823 消費期限 05.12.4 05.12.2 1200 コード0593 税込￥
(朝日新聞社)

② かもを田に泳がせている米づくり農家もあります。かもは雑草や害虫を食べてくれるので，☐ A の量をおさえることができます。また，かものふんはそのまま肥料になるため，☐ B の量を減らすことができます。☐ にあてはまる言葉を書きましょう。

A（　　　　　　　） B（　　　　　　　）

いつもがんばっているね！

答え ▶ 132ページ

社会

5 くらしを支える工業生産

1 自動車工場について，写真を見て次の問いに答えましょう。　1つ5点（⑤は完答）【40点】

① 次の④～⑩の作業を行っているものを，右のア～工から1つずつ選び，記号で答えましょう。

④ 車体にエンジン・タイヤ・シートなどの部品を取りつけていく。　　　　　　　　　　（　　　　　）

⑧ 車体をあらい，さびどめやとそうを行う。　　　　　　　　　　　　　　　　　　（　　　　　）

⑥ 部品をようせつして車体に仕上げる。　（　　　　　）

⑩ 鉄板を打ちぬいたりまげたりして，ドアや屋根，ゆかなどをつくる。　　　　　　　（　　　　　）

② アやエは危険な作業なので，機械が自動的に行っています。この機械を何といいますか。

（　　　　　）

③ ウの作業で，車体は何にのせて運ばれますか。

（　　　　　）

④ 自動車の組み立て工場で使われる多くの部品は，どこでつくられて組み立て工場に運ばれますか。

（　　　　　）

⑤ ア～エを，自動車の組み立て作業の順になるようにならべて，記号で答えましょう。
　　　　　　（　　　→　　　→　　　→　　　）

（トヨタ自動車）

2 これからの自動車生産について，次の問いに答えましょう。　1つ5点【10点】

① 日本の自動車会社は，工場を海外につくり，そこで自動車を生産することも多くなっています。これを何といいますか。　　　　　　　　（　　　　　）

② 環境にやさしい自動車として，水素と酸素から電気をつくり，水だけを排出する自動車が開発，販売されています。これを何といいますか。（　　　　　）

3 日本の工業生産について，資料を見て次の問いに答えましょう。　　1つ5点【50点】

① 工業生産額がもっとも多い工業地帯・地域はどこですか。

（　　　　　　）

② 次のⒶ～Ⓗの文にあてはまる工業地帯・地域を書きましょう。

Ⓐ　埼玉県・群馬県・栃木県に広がる工業地域で，機械工業のわりあいが高い。

Ⓑ　瀬戸内海に面する地域に発達した工業地域で，機械工業や化学工業のわりあいが高い。

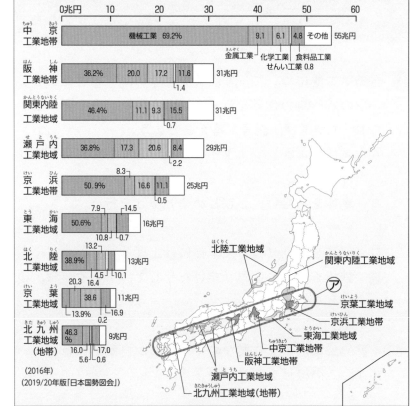

▲日本のおもな工業地帯・地域と出荷額の内わけ

Ⓒ　名古屋・豊田などを中心とする工業地帯。機械工業のわりあいがとくに高い。

Ⓓ　東京・横浜・川崎などを中心とする工業地帯。機械工業のわりあいが高い。

Ⓔ　千葉県の東京湾岸ぞいに広がる工業地域。金属・化学工業のわりあいが高い。

Ⓕ　ⒸとⒹの工業地帯の間にあり，新幹線や高速道路などが通り，人やものの輸送に便利だったため工業が発達した。機械工業のわりあいが高い。

Ⓖ　福岡県の北九州市を中心とする工業地域。鉄鋼業を中心に発達した。

Ⓗ　大阪・神戸・堺などを中心とする工業地帯。金属工業のわりあいが高い。

Ⓐ（　　　　　　）　Ⓑ（　　　　　　）　Ⓒ（　　　　　　）

Ⓓ（　　　　　　）　Ⓔ（　　　　　　）　Ⓕ（　　　　　　）

Ⓖ（　　　　　　）　Ⓗ（　　　　　　）

③ 工業地帯・地域が帯のように連なっている，㋐の地域を何といいますか。

（　　　　　　）

おつかれさま！ その調子！

答え ▶ 132ページ

6 いろいろな工業，運輸と貿易

月　　日

得点

点

1 さまざまな工業について，次の問いに答えましょう。　　　　　1つ4点【28点】

① 次の⑦〜⑦の工業の製品でないものを，1つずつ選んで書きましょう。

⑦　機械工業…電子レンジ，パソコン，家具，トラクター　（　　　　　）

⑦　化学工業…薬，チーズ，プラスチック，シャンプー　（　　　　　）

⑦　金属工業…アルミニウム，カメラ，ナット，レール　（　　　　　）

⑦　せんい工業…シャツ，ティッシュペーパー，毛糸，織物　（　　　　　）

⑦　食料品工業…みそ，バター，台所用洗ざい，ジュース　（　　　　　）

② 工業を大きく2つに分けると，次の⑦・⑦は何工業になりますか。

⑦　機械工業，金属工業，化学工業　　　　　　　　　　（　　　　　）

⑦　せんい工業，食料品工業，その他の工業　　　　　　（　　　　　）

2 日本の工場について，次の問いに答えましょう。　　　　　　1つ5点【30点】

① 右の地図は，製鉄所の分布を示しています。製鉄所は，どのようなところにつくられていますか。かんたんに書きましょう。

（　　　　　　　　　　　　　　　）

② 製鉄所は，原料の A ，石炭をむし焼きにしてつくる B ，石灰石を高炉に入れ，高温で熱して鉄をつくります。□にあてはまる言葉を書きましょう。　　　　　A（　　　　　）　B（　　　　　）

(2018年7月1日現在)

(2019/20年版「日本国勢図会」)

③ ②の A はどのようにして確保していますか。

（　　　　　　　　　　　　　）

④ 右のグラフは，いろいろな工業の生産額で，大工場，中小工場のしめるわりあいを示したものです。ア・イのどちらが中小工場ですか。記号で答えましょう。また，選んだ理由をかんたんに書きましょう。記号（　　　　　）

理由（　　　　　　　　　　　）

(%) 0　20　40　60　80　100

せんい工業	ア 90.0%	イ 10.0
食料品工業	72.7%	27.3
金属工業	58.7%	41.3
化学工業	43.9%	56.1
機械工業	27.8%	72.2

(2017年)　　　(経済産業省資料)

3 日本の運輸について，グラフを見て次の問いに答えましょう。　1つ3点【18点】

① 現在の貨物輸送の中心となっている交通手段は何ですか。　（　　　　　　）

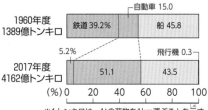

▲貨物輸送の変化

※1トンキロは，1tの荷物を1km運ぶことを示す。
(2019/20年版「日本国勢図会」ほか)

② ①の交通手段のわりあいがのびたのは，何が整備されたからですか。次のア〜エから1つ選び，記号で答えましょう。　（　　　　　　）

ア 空港　　イ 鉄道　　ウ 高速道路　　エ 港

③ 次のⒶ〜Ⓓの文は，どの交通手段について説明していますか。グラフ中から選んで書きましょう。

Ⓐ 一度に大量の荷物を運べるが，時間がかかる。　（　　　　　　）
Ⓑ 出発地から目的地まで積みかえなしで運べる。　（　　　　　　）
Ⓒ 小型の荷物を短時間で運べる。　（　　　　　　）
Ⓓ 大量の荷物を時間に正確に運べる。　（　　　　　　）

4 日本の貿易について，グラフを見て次の問いに答えましょう。　1つ4点【24点】

① 右のグラフⅠは，日本の貿易相手国を示しています。グラフ中のAに共通してあてはまる国の名前を書きましょう。　（　　　　　　）

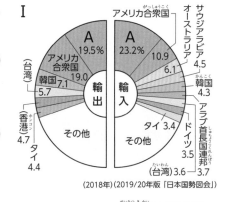

(2018年)(2019/20年版「日本国勢図会」)

② 日本と貿易がさかんな地域を，次のア〜エから1つ選び，記号で答えましょう。　（　　　　　　）

ア アジア　　　　　イ 北アメリカ
ウ ヨーロッパ　　　エ アフリカ

③ グラフⅡは，日本の輸出入品目の内わけを示したものです。グラフ中のB〜Eにあてはまるものを，次のア〜エから選び，記号で答えましょう。（同じ記号を2度使ってもよいこととします。）

ア 石油　　イ 機械類　　ウ 自動車　　エ せんい品

B（　　　）C（　　　）D（　　　）E（　　　）

いろんなものを輸入・輸出しているね！

答え ▶ 132ページ

7 わたしたちの生活と情報

1 情報とのかかわりについて，次の問いに答えましょう。　　　　1つ6点【30点】

① 新聞やテレビなどのように，一度にたくさんの人に同じ情報を伝えるものを何といいますか。　　　　　　　　　　　　　　　　　　　　　　　（　　　　　　　　）

② 次の④～⑩の文は，情報を受けとる手段の特ちょうを説明したものです。あてはまるものを，下のア～エからそれぞれ選び，記号で答えましょう。

④ スマートフォンやパソコンで，知りたい情報を自分ですぐに調べることができる。　　　　　　　　　　　　　　　　　　　　　　　　　　　（　　　　　　　　）

⑧ 映像と音声で，わかりやすく情報を伝える。最近は，番組を見ている側からも情報が送れる。　　　　　　　　　　　　　　　　　　　　　　（　　　　　　　　）

⑥ 文章や写真でくわしく説明した情報を，何度でも読むことができる。記事を切りぬいて保存できる。　　　　　　　　　　　　　　　　　　　　（　　　　　　　　）

⑩ 音声だけで情報を伝える。家事や自動車の運転をしながらでも情報を手に入れることができる。　　　　　　　　　　　　　　　　　　　　　　（　　　　　　　　）

　　ア　新聞　　　イ　ラジオ　　　ウ　テレビ　　　エ　インターネット

2 ニュース番組について，次の問いに答えましょう。　　　②は10点，ほかは1つ5点【30点】

① 次の④～⑩の文は，ニュース番組づくりの内容を説明したものです。説明に合う場面を，上のア～エからそれぞれ選び，記号で答えましょう。

④ 番組で伝えるニュースの内容を決める。　　　　　　　　　　（　　　　　　　　）

⑧ 取材で集めた情報をもとに，ニュースの原稿をつくる。　　　（　　　　　　　　）

⑥ 原稿と映像を，放送時間におさまるようにまとめる。　　　　（　　　　　　　　）

⑩ 記者やカメラマンが現地に行き，話を聞いたり映像をとる。　（　　　　　　　　）

② ア～エを作業の順にならべましょう。（　　　　→　　　　→　　　　→　　　　）

3 情報通信技術について，次の問いに答えましょう。　　④10点，ほかは1つ4点【30点】

① 情報通信技術(ICT)とは，コンピューターなどの情報通信機器を活用して，

[＿＿＿] を使って情報処理や通信を行う技術やしくみのことです。[＿＿＿] にあてはま

る言葉を書きましょう。　　　　　　　　　　　　　　　　　　（　　　　　　　　）

② 情報通信技術の活用の広がりとして<u>まちがっているもの</u>を，次から2つ選び，記

号で答えましょう。　　　　　　　　　　　　　　　　（　　　　）（　　　　）

　ア　お店でスマートフォンを提示してポイントを貯める。

　イ　テレビの政見放送で候補者の意見や考えを聞いて，投票する人を決める。

　ウ　複数の病院や診療所の間で，患者の医療情報をやりとりする。

　エ　お店が近くにない地域に，移動販売車を出している。

　オ　「バスナビ」のアプリを使って，乗りたいバスの位置を確認する。

③ コンビニエンスストアなどで商品を買うと，バーコードを読み取って会計をしな

がら，情報を記録します。このしくみを何といいますか。　（　　　　　　　　）

④ ③のしくみでは，どのような情報が記録されますか。か

んたんに書きましょう。（　　　　　　　　　　　　　　）

(ピクスタ)

⑤ 右の写真のような，ICチップが埋め込まれたカード や

端末にお金の機能をもたせたものを何といいますか。　（　　　　　　　　）

4 情報化社会の問題点について，次の問いに答えましょう。　　　1つ5点【10点】

① 情報をあつかうときに気をつけることとして<u>まちがっているもの</u>を，次のア～エ

から1つ選び，記号で答えましょう。

　ア　人がつくったものは，勝手に使わない。

　イ　個人情報を発信するときは，見る相手のことを考えて発信する。

　ウ　多くの情報の中から，自分が気にいった情報を信じて選ぶ。

　エ　いつ，どこで，だれが出した情報かを確認する。　　　　（　　　　　　　　）

② メディアが伝える情報の中から必要な情報を選び，内容が正しいかを確認し，活

用する能力や技能のことを何といいますか。　　　　　　　（　　　　　　　　）

情報は身の回りにあふれているね！

答え ▶ 133ページ

1 自然災害について，次の問いに答えましょう。　　　　1つ4点【20点】

① こう水，高潮などの自然災害による被害を予測して，被害のおよぶはん囲などを示した地図を何といいますか。　　　　（　　　　　　　　）

② 地震による強いゆれが予想されることを，気象庁がテレビやラジオ，スマートフォンなどで伝えるしくみを何といいますか。　　　　（　　　　　　　　）

③ 右の写真は，津波から人々を守るために建設されたものです。これを何といいますか。（　　　　　　　　）

(ピクスタ)

④ 土石流などの土砂災害を防ぐためにつくられているものは何ですか。　　　　（　　　　　　　　）

⑤ 日本では火山の噴火もよく起こります。火山の噴火ではどのような現象が起きますか。かんたんに書きましょう。（　　　　　　　　　　　　　　）

2 日本の森林について，次の問いに答えましょう。　　　　1つ5点【30点】

① 日本の国土面積の約 A が森林です。森林には，天然林と B があります。 A にはあてはまるわりあいを， B にはあてはまる言葉を書きましょう。

　　　A（　　　分の　　　）B（　　　　　　　）

(朝日新聞社)

② 森林には，木材を生み出す，山くずれなどの災害を防ぐなどのはたらきのほかに，どのようなはたらきがありますか。2つ書きましょう。

（　　　　　　　　　　）（　　　　　　　　　　）

③ 右の写真は，林業の作業のうち，太陽の光がよくとどくように，育ちの悪い木を切りたおしているところです。この作業を何といいますか。　　　　（　　　　　　　　）

④ 製材工場から出た木のくずや，建築用として利用できない木材は，木質バイオマスとしてどのように活用されていますか。　　　　（　　　　　　　　）

3 環境を守る取り組みについて，次の問いに答えましょう。 1つ4点（②はそれぞれ完答）【20点】

① 水鳥の生息地として重要な湿地を保護するために結ばれた条約を何といいますか。 （　　　　　　　　　　）

② 次の④〜⑩の文が説明する日本の世界自然遺産の名前を書き，その位置を，右の地図中のア〜エから選び，記号で答えましょう。

④ 8000年前の自然が残るぶなの森は，多くの種類の生物を育てている。
（　　　　　　　）（　　　　　　　）

⑧ 冬の海をおおいつくす流氷が美しい。希少な動植物の生息地でもある。
（　　　　　　　）（　　　　　　　）

⑩ 大陸と陸続きになったことがないため，独自の進化をとげた動植物が多い。
（　　　　　　　）（　　　　　　　）

⑩ 縄文杉もみられる森は，亜熱帯から亜寒帯の植物群がみられる。
（　　　　　　　）（　　　　　　　）

4 公害について，次の問いに答えましょう。 1つ5点【30点】

① 次の④〜⑩の公害病が発生した場所を，地図中のア〜エから1つずつ選び，記号で答えましょう。

④ イタイイタイ病　　⑧ 水俣病
⑩ 四日市ぜんそく

④（　　　）⑧（　　　）⑩（　　　）

② 次の文が説明している公害病を，①の④〜⑩からそれぞれ選び，その公害病の名前を書きましょう。

⑦ 鉱山から流れ出たカドミウムが原因となった。 （　　　　　　　　　）

⑦ 石油化学コンビナートから出たけむりが原因となった。 （　　　　　　　　　）

③ 1971年に，公害対策や環境問題に取り組むための，国の役所が設けられました。この役所の，現在の名前を書きましょう。 （　　　　　　　　　）

地球環境を大切にしたいな！

答え ▶ 133ページ

理科

① 種子の発芽と成長

1 右の図は，インゲンマメの種子の発芽と，インゲンマメの種子を2つに切ったときのようすを表したものです。次の問いに答えましょう。　①，②，③1つ5点，④10点【25点】

① 図1の Ⓐ の部分を何といいますか。

（　　　　　　　）

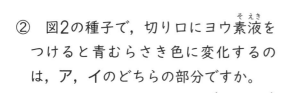

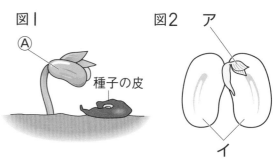

図1　Ⓐ　種子の皮

図2　ア　イ

② 図2の種子で，切り口にヨウ素液をつけると青むらさき色に変化するのは，ア，イのどちらの部分ですか。

（　　　　）

③ ②で選んだ部分には何がふくまれていますか。　　　　　　　（　　　　　　　）

④ 発芽後しばらくすると，②で選んだ部分はヨウ素液をつけても青むらさき色に変化しません。その理由をかんたんに書きましょう。

（　　　　　　　　　　　　　　　　　　　　　　　　　　　　　）

2 インゲンマメの種子が発芽するかどうかを調べます。次の問いに答えましょう。

1つ5点【25点】

ア
20℃くらい
かわいた
だっし綿

イ
20℃くらい
水でしめらせた
だっし綿

ウ
20℃くらい　水
だっし綿
水にしずめる。

エ
冷ぞう庫に入れる。
5℃くらい
水でしめらせただっし綿

オ
箱をかぶせる。
20℃くらい

① 次の Ⓐ〜Ⓒ では，発芽に必要な条件のうち，何について調べることができますか。
  Ⓐ アとイを比べる。　　　　　　　　（　　　　　　　）
  Ⓑ イとウを比べる。　　　　　　　　（　　　　　　　）
  Ⓒ エとオを比べる。　　　　　　　　（　　　　　　　）

② インゲンマメの種子が発芽するのは，ア〜オのどれですか。2つ書きましょう。

（　　　　）（　　　　）

3 下の図のようにして，同じように育っているインゲンマメを日なたに置いて，植物の成長の条件を調べました。次の問いに答えましょう。

1つ8点【40点】

① アとイのインゲンマメの育ち方を比べると，植物の成長と何の関係がわかりますか。（　　　　　　　）

② イとウのインゲンマメの育ち方を比べると，植物の成長と何の関係がわかりますか。（　　　　　　　）

③ 最もよく育っているのは，ア〜ウのどれですか。（　　　　）

④ しだいに葉が黄色くなってくるのは，ア〜ウのどれですか。（　　　　）

⑤ この実験からわかることは，次のⒶ〜Ⓒのどれですか。（　　　　）
　Ⓐ 植物がよく成長するには，水だけが必要である。
　Ⓑ 植物がよく成長するには，肥料は必要ではない。
　Ⓒ 植物がよく成長するには，肥料と日光が必要である。

4 植物の成長についてまとめた次の文の〔　　〕から，正しい言葉を選び，○で囲みましょう。

1つ5点【10点】

① 肥料をあたえて育てた植物は，葉の数が〔　多い　　少ない　〕。

② 日光を当てて育てた植物は，くきが〔　細く　　太く　〕，葉はこい緑色をしている。

植物の発芽と成長では必要なものが少しちがうね。

答え ▶ 134ページ

2 天気の変化，台風

1 下の雲画像は，ある連続した3日間の雲のようすです。次の問いに答えましょう。

1つ8点【32点】

A
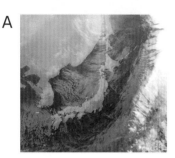
B

C

(提供：気省庁)

①　雲画像にうつっている白いかたまりのようなものは何ですか。

（　　　　　　　）

②　A〜Cを，観測した日が早い順にならべましょう。　（全部できて8点）

（　　　　→　　　　→　　　　）

③　Cのときの北海道の天気は，晴れ，または，くもりか雨のどちらだと考えられますか。

（　　　　　　　）

④　日本付近の天気はどのように変わると考えられますか。（　　）の中に，東・西・南・北の方位を書きましょう。　（全部できて8点）

日本付近では，雲はおよそ（　　　　）から（　　　　）へと動き，天気は（　　　　）から（　　　　）へと変わっていきます。

2 次の文の（　　）にあてはまる言葉を書きましょう。　1つ6点【24点】

①　全国各地の雨量や気温，風向・風速などのデータを自動的に観測し，まとめるシステムを（　　　　　　　　）といいます。集められたデータをもとに，雨がふっている地いきや雨の量がわかる（　　　　　　）情報がつくられています。

②　晴れた日に，空にうかんでいる綿のような白い雲は，発達すると（　　　　　　）をふらせたり，かみなりを発生させたりします。この雲は，（　　　　　　）雲といい，入道雲やかみなり雲ともよばれます。

3 下の雲画像は，ある連続した3日間の雲のようすです。次の問いに答えましょう。

1つ8点【32点】

A 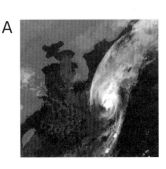 B 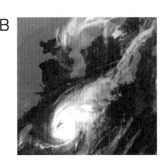 C

(提供：気象庁)

① うずまきのように見える雲のあるところを何といいますか。

（　　　　　　　　　）

② A〜Cを，観測した日が早い順にならべましょう。　　　（全部できて8点）

（　　　　→　　　　→　　　　）

③ ①で答えたうずまきの雲が近づくと，雨の量や風の強さはどう変わりますか。

雨の量　（　　　　　　　　　）
風の強さ（　　　　　　　　　）

4 台風について，次の問いに答えましょう。　　　1つ6点【12点】

① 台風の進路について，正しく説明しているのは，次のア〜ウのどれですか。

（　　　　）

ア　台風は，日本の南のほうの海上で発生し，はじめは西のほうに進むが，やがて
　北や東に動くことが多い。

イ　台風は，日本の南のほうの海上で発生し，はじめは東のほうに進むが，やがて
　北や西に動くことが多い。

ウ　台風は，日本の西のほうの大陸で発生し，まっすぐ日本列島を横断して東の海
　（太平洋）へぬけていく。

② 台風によって，さまざまな災害が起こることがあります。どのような災害がある
　か，書きましょう。

（　　　　　　　　　　　　　　　　　　　　　　　　）

天気予報に注目しよう！

答え ▶ 134ページ

③ 実や種子のでき方

1 アサガオとヘチマの花のつくりについて，次の問いに答えましょう。　1つ6点【60点】

アサガオ
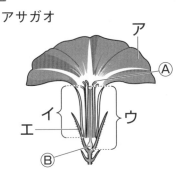

ヘチマ
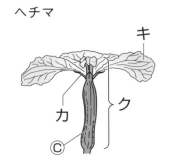
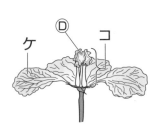

① アサガオとヘチマのめしべとおしべはそれぞれどれですか。ア〜エ，カ〜コから選びましょう。

アサガオ　　めしべ（　　　　）　おしべ（　　　　）
ヘチマ　　　めしべ（　　　　）　おしべ（　　　　）

② アサガオの**エ**やヘチマの**カ**の部分を何といいますか。

（　　　　　　）

③ アサガオの⒜からは粉のようなものが出てきます。これは何ですか。

（　　　　　　）

④ ③の粉のようなものがめしべの先につくことを何といいますか。

（　　　　　　）

⑤ 成長して実になる部分は⒜〜⒟のどこですか。アサガオ，ヘチマそれぞれ書きましょう。

アサガオ（　　　　）　ヘチマ（　　　　）

⑥ ヘチマのように，おばなとめばなに分かれて花がさく植物はどれですか。次のア〜オから選びましょう。

（　　　　　　）

ア　サクラ　　　　　　イ　ツツジ　　　　　ウ　ホウセンカ
エ　カボチャ　　　　　オ　アブラナ

2 開いているアサガオの花のおしべとめしべの先を虫めがね
で調べました。次の問いに答えましょう。　　1つ6点【18点】

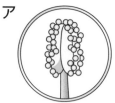

ア

① めしべの先はアとイのどちらですか。　　（　　　　　）

② アについている粉(こな)のような丸いつぶは何ですか。
　　　　　　　　　　　　　　　　　　（　　　　　）

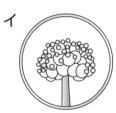

イ

③ 花が開く直前のめしべの先には，丸いつぶはついていま
すか。　　　　　　　　　　　（　　　　　）

3 次の日に花が開きそうなアサガオのつぼみを使って，花粉(かふん)のはたらきを調べました。
次の問いに答えましょう。　　　　　　　　　　①，③8点，②6点【22点】

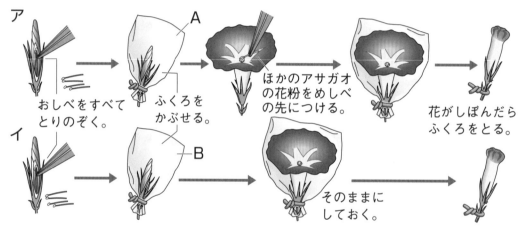

① A，Bのように，つぼみにふくろをかぶせるのはなぜですか。
（　　　　　　　　　　　　　　　　　　　　　　　　　　　　　）

② 花がしぼんだあとのア，イの花は，どうなりますか。次のあ〜うから正しいもの
を1つ選びましょう。　　　　　　　　　　　　　　　　　（　　　　　）
　あ　ア，イともにすぐにかれてしまう。
　い　アはめしべのもとがふくらんで実ができるが，イは実ができない。
　う　アは実ができないが，イはめしべのもとがふくらんで実ができる。

③ この実験から，実ができるためにはどのようなことが必要だとわかりますか。
（　　　　　　　　　　　　　　　　　　　　　　　　　　　　　）

実ができるしくみ，わかったかな？

答え ▶ 134ページ

④ 魚や人のたんじょう

得点

点

1 右の図は，メダカのおすとめすを表しています。次の問いに答えましょう。

1つ5点【25点】

① Aは，おす，めすのどちらですか。
（　　　　　　　）

A
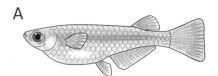

② メダカのおすとめすを区別するには，どの
ひれを比べますか。2つ書きましょう。
（　　　　　）（　　　　　　）

B
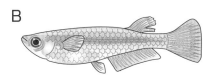

③ めすが産んだたまご（卵）とおすが出した精子が結びつくことを，何といいます
か。
（　　　　　）

④ ③によってできたたまごを，何といいますか。
（　　　　　）

2 メダカを飼ってたまごを産ませ，たまごの変化のようすを調べました。

①，②1つ5点，③10点【20点】

A　　　　　　　B　　　　　　　C　　　　　　　D

① 上の図のA～Dを，たまごが変化していく順にならべましょう。　　（全部できて5点）
（　　　→　　　→　　　→　　　）

② 心ぞうが動いているのが見えるのは，A～Dのどのころですか。
（　　　　　）

③ Aのころのメダカは，2～3日はえさを食べずにじっとしています。なぜえさを
食べなくてもよいのですか。
（　　　　　）

3 解ぼうけんび鏡の使い方について，次の問いに答えましょう。　　1つ5点【10点】

① 使うときに置く場所として正しいものは，次のア～ウのどれですか。（　　　　）

　ア　日光が直接当たる明るいところ

　イ　日光が直接当たらない暗いところ

　ウ　日光が直接当たらない明るいところ

② 観察するものが明るく見えるようにするために，次のア～ウのどこを動かしますか。

　　　　　　　　　　　　　　　　　　　　　　　　　　　　（　　　　　　）

　ア　調節ねじ　　　イ　反しゃ鏡　　　ウ　ステージ

4 人のたんじょうについて，次の問いに答えましょう。　　1つ5点【20点】

① 女性の卵（卵子）と男性の精子が結びつくことを何といいますか。

　　　　　　　　　　　　　　　　　　　　　　　（　　　　　　　　　）

② ①でできた卵を何といいますか。また，大きさは直径何mmぐらいですか。下の
　□□から選びましょう。

　　　　　　①でできた卵（　　　　　　　　　）　大きさ（　　　　　　　　　）

　　　　┌─────────────────────────────────────┐
　　　　│　約0.014mm　　　約0.14mm　　　約1.4mm　│
　　　　└─────────────────────────────────────┘

③ ①でできた卵は，母親の体の中の何というところで成長しますか。

　　　　　　　　　　　　　　　　　　　　　　　（　　　　　　　　　）

5 右の図は，母親の子宮の中で成長している子ども（たい児）を表しています。次の
問いに答えましょう。　　1つ5点【25点】

① ⑦～⑦はそれぞれ何といいますか。

　⑦（　　　　　　　）　⑦（　　　　　　　）

　⑦（　　　　　　　）

② ⑦のはたらきをかんたんに書きましょう。

　（　　　　　　　　　　　　　　　）

③ ⑦を通して，母親から子どもに送られるもの
　を1つ書きましょう。　　（　　　　　　　）

魚と人のたんじょうの，同じところ，ちがうところを考えよう。

答え ▶ 135ページ

5 流れる水のはたらき

1 流れる水のはたらきについて，次の問いに答えましょう。　　　1つ5点【20点】

① 次の文は，流れる水のはたらきについて説明したものです。㋐〜㋒のはたらきをそれぞれ何といいますか。

　㋐　地面をけずるはたらき　　　　　　　　　　　　　　（　　　　　　）

　㋑　けずられた土や石を運ぶはたらき　　　　　　　　　（　　　　　　）

　㋒　運ばれた土や石を積もらせるはたらき　　　　　　　（　　　　　　）

② ①の㋑のはたらきが大きいところは，次のア，イのどちらですか。　（　　　　　　）

　ア　流れの速いところ　　　　　イ　流れのおそいところ

2 右の図のように，土で山をつくり，しゃ面にみぞをつけて水を流しました。㋐はしゃ面が急なところ，㋑は水が曲がって流れているところ，㋒は水がゆるやかに流れているところです。次の問いに答えましょう。　1つ5点【30点】

① ㋐の水の速さやみぞの深さは，㋑，㋒に比べてどんなようすですか。

　　　　水の速さ（　　　　　　　　　　）　みぞの深さ（　　　　　　　　　　）

② ㋑のⒶ，Ⓑの地点のようすは，それぞれ次のア，イのどちらですか。

　　　　　　　　　　　　　　　　　　　　　Ⓐ（　　　　）Ⓑ（　　　　）

　ア　土が積もっている。　　　　　イ　土がけずられている。

③ しん食，運ぱん，たい積のうち，㋒で最も大きいはたらきは何ですか。

　　　　　　　　　　　　　　　　　　　　　　　　（　　　　　　　　　）

④ 流す水の量を多くすると，しん食のはたらきと運ぱんのはたらきはどのようになりますか。次のア〜ウから選びましょう。　　　　　　　　　（　　　　　　）

　ア　しん食のはたらきは大きくなるが，運ぱんのはたらきは変わらない。

　イ　しん食のはたらきは変わらないが，運ぱんのはたらきは大きくなる。

　ウ　しん食のはたらきも運ぱんのはたらきも大きくなる。

3 右の図1のA～Cは，山の中の川の流れ，平地に流れ出たあたりの流れ，平地の流れを表しています。次の問いに答えましょう。

1つ5点【30点】

① 次の⑦～①のことは，A，Cのどちらのようすにあてはまりますか。（　　）にA，Cを書きましょう。

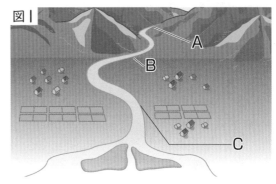

図1

⑦（　　）土地のかたむきが急である。

⑦（　　）川原が広い。

⑦（　　）川はばが広く，水の量が多い。

①（　　）石が大きい。

② 図2のあ，⑥の石はそれぞれ，図1のA，Cのどちらで見られますか。

あ（　　　）　⑥（　　　）

図2

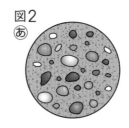
あ

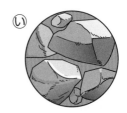
⑥

4 川の水のはたらきで起こる災害に備えるために，いろいろなくふうがされています。次の問いに答えましょう。

①1つ6点，②8点【20点】

① 右の図のⒶ，Ⓑはそれぞれどんな災害を防ぐためのものですか。次のア～ウから選びましょう。

Ⓐ（　　）　Ⓑ（　　）

ア　川の水があふれ出るのを防ぐ。

イ　川の水の量を調節する。

ウ　川底がけずられて，すなや石が一度に流されるのを防ぐ。

② こう水が起こったときに予想されるひ害のはんいやひなん場所を示した地図を，何といいますか。

（　　　　　　　　）

Ⓐ

Ⓑ

流れる水には，いろいろなはたらきがあるね。

答え ▶ 135ページ

6 もののとけ方

1 食塩が水にとけたときの液の重さについて，次の問いに答えましょう。1つ6点【12点】

① ものが水にとけて全体に広がり，すき通った液を何といいますか。　（　　　　　）

② 食塩をとかす前（Ⓐ）の電子てんびんは165gを示していました。食塩をとかしたあと（Ⓑ）の電子てんびんは何gを示しますか。　（　　　　　）

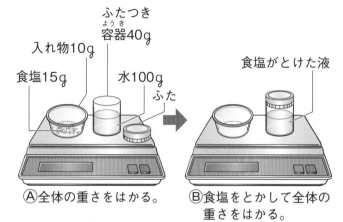

入れ物10g
食塩15g
ふたつき容器40g
水100g
ふた
食塩がとけた液

Ⓐ全体の重さをはかる。

Ⓑ食塩をとかして全体の重さをはかる。

2 右のグラフは，20℃，40℃，60℃の水50mLに，食塩とミョウバンがそれぞれスプーンで何ばい分とけるかを調べた結果です。　1つ6点【36点】

① 20℃の水には，食塩とミョウバンのどちらが多くとけますか。　（　　　　　）

② 40℃の水50mLを入れたビーカーを2つ用意し，1つには食塩をスプーン5はい，もう1つにはミョウバンをスプーン5はい入れます。よくかき混ぜたとき，全部とけるものには〇を，とけ残りが出るものには△をつけましょう。
ア（　　　）食塩　　　　イ（　　　）ミョウバン

③ 水50mLにスプーン6はいのミョウバンをとかしたいとき，水の温度は何℃にすればよいですか。次のア〜ウから選びましょう。　（　　　　　）
ア 20℃　　　イ 40℃　　　ウ 60℃

④ もののとける量について，次の文の〔　　〕から正しい言葉を選び，〇で囲みましょう。

水の温度を上げると，〔 食塩　　ミョウバン 〕はとける量が増えるが，
〔 食塩　　ミョウバン 〕のとける量はほとんど変化しない。

（はい）
水50mLにとけた量

食塩
ミョウバン

20　　40　　60（℃）
水の温度

3 60℃の水50mLにミョウバンをとけるだけとかし，温度が30℃になるまでしばらく置いておいたら，ビーカーの底に白いつぶが出てきました。　1つ8点【40点】

① 白いつぶが出てきたのはなぜですか。次のア〜エから選びましょう。（　　　）

　ア　水がじょう発したから。

　イ　とけていたミョウバンが時間がたって別のものに変わったから。

　ウ　水よう液の温度が下がったため，ミョウバンがとけきれなくなったから。

　エ　とけていたものが水と結びついて白いつぶになったから。

② 出てきた白いつぶを，右の図のようなそう置を使って，ろ過します。ろ過のしかたでまちがっているところを2つ書きましょう。

　（　　　　　　　　　　　　　　　　　　）

　（　　　　　　　　　　　　　　　　　　）

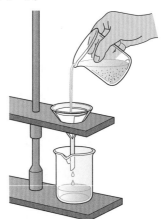

③ 食塩も同じように，60℃の水50mLにとけるだけとかし，水の温度が30℃になるまで，しばらく置いておきましたが，白いつぶはほとんど出てきませんでした。それはなぜですか。

　（　　　　　　　　　　　　　　　　　　　　　　　　　　　　　　）

④ ③の食塩の水よう液からつぶをとり出すには，どのようにしますか。方法を書きましょう。　（　　　　　　　　　　　　　　　　　　）

4 メスシリンダーの使い方について，次の問いに答えましょう。　1つ6点【12点】

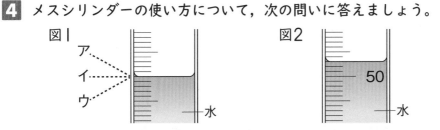

図1　ア……イ……ウ……　　水

図2　50　　水

① 目もりを読むときの正しい目の位置は，図1のア〜ウのどれですか。　（　　　）

② 図2の水の体積は，何mLですか。　（　　　）

答え ▶ 135ページ

ものがとけるって，どういうことかわかった？

7 ふりこのきまり

1 右の図は，ふりこをふらせたときのようすを表しています。次の問いに答えましょう。

1つ9点【36点】

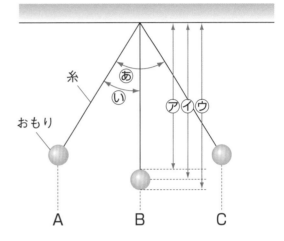

① ふりこの長さを正しく表しているのは，⑦〜⑦のどれですか。　（　　　）

② ⓐまたはⓑで表されるものを，何といいますか。　（　　　）

③ ふりこの1往復は，Aからふらせはじめて，どのように動いたときですか。次のア〜ウから選び，（　　）に○をつけましょう。

ア（　　）A→B

イ（　　）A→B→C

ウ（　　）A→B→C→B→A

1回目	2回目	3回目
14.1秒	13.8秒	14.1秒

④ ふりこの長さを50cm，おもりの重さを10gとして，ふりこが10往復する時間をはかったら，右上の表のようになりました。1往復する時間は平均何秒ですか。

（　　　　　　　）

2 Ⓐ，Ⓑのふりこの1往復する時間について，次のア〜ウから正しいものを選びましょう。　【10点】

（　　　）

Ⓐ，Ⓑのふりこの長さとふれはばは同じ。

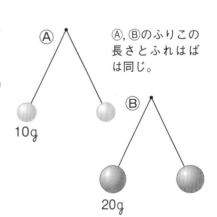

10g

20g

ア おもりの軽いⒶのほうが，ゆっくり動くので1往復する時間は長い。

イ おもりの重いⒷのほうが，ゆっくり動くので1往復する時間は長い。

ウ ふりこが1往復する時間は，おもりの重さとは関係しないので，Ⓐ，Ⓑは同じ。

3 下の図のA〜Dのふりこを使って，ふりこが1往復する時間を調べました。次の問いに答えましょう。

1つ7点【42点】

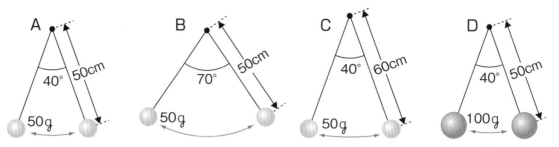

A 40° 50cm 50g

B 70° 50cm 50g

C 40° 60cm 50g

D 40° 50cm 100g

① 次の⑦〜⑰のことを調べるためには，それぞれA〜Dのどれとどれを比べればよいですか。

⑦ ふりこの長さとふりこが1往復する時間を比べるとき （　　と　　）

⑦ ふれはばとふりこが1往復する時間を比べるとき （　　と　　）

⑦ おもりの重さとふりこが1往復する時間を比べるとき （　　と　　）

② ふりこが1往復する時間がいちばん長いのは，A〜Dのどれですか。

（　　　　　）

③ ふりこが1往復する時間は，おもりの重さ，ふれはば，ふりこの長さのどれと関係がありますか。

（　　　　　　　　　　）

④ ふりこが1往復する時間が短いほど，③はどうなっていますか。

（　　　　　　　　　　）

4 ふりこを利用したものに，メトロノームがあります。次の問いに答えましょう。

1つ6点【12点】

① おもりの位置を下に動かすと，メトロノームの速さはどうなりますか。 （　　　　　　　）

② ①で答えたようになるのは，なぜでしょうか。

（　　　　　　　　　　　　　　　　　　　　　　　）

おもり

メトロノーム

実験で予想を確かめること，できたかな？

答え ▶ 136ページ

1 右の図1の電磁石（でんじしゃく）を使って，図2のようなそう置をつくり，電磁石の極を調べました。次の問いに答えましょう。

1つ10点【40点】

① 図2で，スイッチを入れると方位磁針（ほういじしん）のはりの色のついている先が，電磁石のほうにふれました。スイッチを切ると，方位磁針のはりはどうなりますか。次のア～ウから選びましょう。

（　　　　）

図1

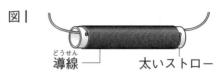

導線（どうせん）　　太いストロー

図2

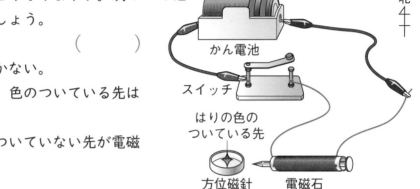

かん電池

スイッチ

はりの色の
ついている先

方位磁針　電磁石

北

　ア　そのまま，動かない。
　イ　もとのように，色のついている先は
　　　北を向く。
　ウ　反対に，色のついていない先が電磁
　　　石のほうを向く。

② ①のことから，何がわかりますか。次のア～ウから選びましょう。

（　　　　）

　ア　電磁石は，電流が流れなくなると，極が反対になる。
　イ　電磁石は，電流が流れなくなると，磁石のはたらきがなくなる。
　ウ　電磁石は，電流が流れなくても磁石のはたらきが続く。

③ かん電池の向きを変えて再（ふたた）びスイッチを入れると，方位磁針のはりはどうなりますか。次のア～ウから選びましょう。　　　　　　　　　（　　　　）

　ア　はりの色のついている先が電磁石のほうを向く。
　イ　方位磁針のはりは動かず，色のついている先は北を向いたまま。
　ウ　はりの色のついていない先が電磁石のほうを向く。

④ ③のことから，何がわかりますか。次のア～ウから選びましょう。

（　　　　）

　ア　電磁石は，電流の向きを反対にすると，磁石のはたらきがなくなる。
　イ　電磁石は，電流の向きを反対にしても，極は変わらない。
　ウ　電磁石は，電流の向きを反対にすると，極も反対になる。

2 下の図のようなそう置で，電流の大きさや導線のまき数と，電磁石の強さとの関係を調べます。次の問いに答えましょう。

1つ10点【60点】

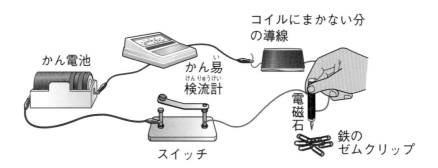

① 電流の大きさと電磁石の強さとの関係を調べるとき，同じにする条件は何ですか。□から，すべて選びましょう。

(全部できて10点)

(　　　　　　　　　　　　　　　　　　　　　　　　　　　　　)

かん電池の数	導線のまき数	導線の全部の長さ

② 導線のまき数と電磁石の強さとの関係を調べるとき，導線の全部の長さを同じにする理由は何ですか。

(　　　　　　　　　　　　　　　　　　　　　　　　　　　　　)

③ 次の(1)，(2)のとき，電磁石につく鉄のゼムクリップの数が多いのは，ア，イのどちらですか。(　　)に○をつけましょう。

(1) ア(　　　　)電磁石に流れる電流が大きいとき。
　　イ(　　　　)電磁石に流れる電流が小さいとき。

(2) ア(　　　　)電磁石の導線のまき数が多いとき。
　　イ(　　　　)電磁石の導線のまき数が少ないとき。

④ 電磁石の強さについてまとめた，次の文の(　　)にあてはまる言葉を書きましょう。

　　電磁石の強さは，導線のまき数が(　　　　　　　　)ほど強くなり，流れる電流が(　　　　　　　　)ほど強くなる。

磁石の学習を思い出して，電磁石と比べてみよう。

答え ▶ 136ページ

答えとアドバイス

まちがえた問題は，もう一度やり直しましょう。

算数▶117ページ ｜ 社会▶131ページ
国語▶123ページ ｜ 理科▶134ページ
英語▶128ページ

算　数

① 小数のかけ算　5~6ページ

1 ①43.7　　　②82
　　③42　　　　④19.2

2 ①9.342　②30.6　③15.47
　　④0.952　⑤0.217

3 ①10，67　②10，39　③5，6

4 ①4.1　　　②27030
　　③230　　　④5.6

5 ①339.3　②29.9　③16.17
　　④71.06　⑤1.6　　⑥1200
　　⑦0.874　⑧0.6　　⑨0.12

6 ①5.3　　　②343
　　③6.8　　　④1

アドバイス　**2** 積の小数点は，かけられる数とかける数の小数点の右にあるけた数の和だけ，右から数えてうちます。

6 次のようにくふうして計算します。
① $0.8×0.53×12.5=0.53×(0.8×12.5)$
　$=0.53×10=5.3$
② $98×3.5=(100-2)×3.5$
　$=350-7=343$
③ $1.46×3.4+0.54×3.4$
　$=(1.46+0.54)×3.4$
　$=2×3.4=6.8$
④ $2.5×1.87-2.5×1.47$
　$=2.5×(1.87-1.47)$
　$=2.5×0.4=1$

② 小数のわり算　7~8ページ

1 ①2.93　　　②0.417

2 ①1.8　　　②1.6

3 ①8あまり0.2　②2あまり0.12

4 ①3.8　　　②2.0

5 ①5.26　　　②0.04
　　③0.23　　　④0.0127

6 ①3.4　　②0.85　　③7.5

7 ①4あまり0.3　②3あまり2
　　③3あまり0.07

8 ①3.4　　②6.1　　③3.0

アドバイス　**2** 商の小数点は，わられる数の右にうつした小数点にそろえてうちます。

8 商は上から3けためまで求め，その3けためを四捨五入します。
　①$9.6÷2.8=3.42…$
　②$22.4÷3.7=6.05…$
　③$6.85÷2.3=2.97…$

③ 小数の文章題　9~10ページ

1 $1.4×4.5=6.3$　　　　　6.3kg

2 $7.82÷2.3=3.4$　　　　3.4kg

3 $6.8÷1.2=5$あまり0.8
　　　　　　5人に分けられて，0.8mあまる

4 $120×3.8=456$　　　　456円

5 $0.8×0.7=0.56$　　　0.56kg

6 $2÷2.5=0.8$　　　　　0.8kg

7 $8.1÷0.6=13.5$　　　13.5kg

8 $5÷0.3=16$あまり0.2
　　　　　　16個できて，0.2Lあまる

アドバイス　かさや長さなどが小数で表されていても，整数のときと同じように考えて式を立てることができます。

3，**8** 人数やコップの個数は整数なので，商は一の位まで求めて，あまりをだします。

7 1m²の重さは，（全体の重さ）÷（面積）で求めます。

④ 体積 11~12ページ

1 ①4×5×2=40   40cm³

   ②4×4×4=64   64cm³

2 ①4×3×3+4×4×2=68   68cm³

   ②4×3×1+4×7×2=68   68cm³

   ③4×7×3−4×4×1=68   68cm³

3 ①6×3×4=72   72cm³

   ②3×2.5×1.2=9   9m³

   ③2×3×3+2×8×2=50   50cm³

   ④4×7×4−2×2×2=104

                   104cm³

4 （左から順に）24, 36, 48, 60, 72

②アドバイス **3** ③2つの直方体を，上下に組み合わせた形と考えます。上の直方体の横の長さは，8−3−2=3（cm）。

④大きい直方体から小さい立体をくりぬいた形と考えます。くりぬいた立体の横の長さは，7−5=2（cm），高さは，4−2=2（cm）だから，くりぬいた立体は，1辺が2cmの立方体です。

⑤ 合同な図形，図形の角 13~14ページ

1 ⑦と①，①と⑰

2 ①頂点E   ②2.1cm   ③46°

3 ①180−(55+60)=65   65°

   ②360−(90+70+65)=135   135°

4 ①1.4cm   ②68°

5 ①180−(75+50)=55   55°

   ②180−(35+40)=105

      180−105=75   75°

   ③(180−30)÷2=75   75°

   ④180÷3=60   60°

   ⑤360−(105+90+45)=120   120°

   ⑥360−(85+80+70)=125

      180−125=55   55°

②アドバイス **5** ①三角形の3つの角の大きさの和は180°だから，180°から角⑧以外の2つの角の大きさをひくと，角⑧の大きさが求められます。

②まず，角⑩のとなりの角の大きさを求めます。180°からその角度をひくと，角⑩の大きさが求められます。

③二等辺三角形の2つの角の大きさは等しいことを利用します。

（180−30）÷2＝75（度）

④正三角形の3つの角の大きさはすべて等しいから，角⑫の大きさは，180÷3で求められます。

⑤四角形の4つの角の大きさの和は360°だから，360°から角⑧以外の3つの角の大きさをひくと，角⑧の大きさが求められます。

⑥まず，角⑰のとなりの角の大きさを求めます。180°からその角度をひくと，角⑰の大きさが求められます。

⑥ 整数の性質 15~16ページ

1 ①0, 8, 34, 100

   ②1, 15, 57, 99

2 ①3, 6, 9   ②12, 24, 36

   ③12

3 ①1, 2, 3, 6   ②1, 3

   ③3

4 ①奇数   ②998

5 ①18, 36, 54   ②50, 100, 150

6 ①27   ②36   ③24

7 ①1, 2, 4   ②1, 3, 5, 15

8 ①18   ②8   ③6

②アドバイス **1** 0は偶数であることに注意しましょう。

2 ①3に整数をかけてできる整数を3の倍数といいます。0は倍数には入れません。

4 ①偶数か奇数かは，一の位を見ればわかります。一の位が偶数ならば，その整数は偶数です。また，一の位が奇数ならば，その整数は奇数です。

⑦ 分数と小数，約分と通分 17~18ページ

1 ① $\frac{3}{7}$　　② $\frac{8}{5}$　　③ $\frac{9}{11}$

2 ①0.6　　　　②5

3 ①10　　②$\frac{23}{100}$　　③1

4 ①$\frac{1}{3}$　　　　②$\frac{3}{4}$

5 ①$\frac{3}{6}$, $\frac{2}{6}$　　②$\frac{20}{24}$, $\frac{9}{24}$

6 ①$\frac{1}{3}$　　　　②$\frac{2}{9}$

　　③$\frac{12}{7}\left(1\frac{5}{7}\right)$

7 ①0.375　②1.25　　③2

8 ①$\frac{9}{10}$　　②$\frac{137}{100}\left(1\frac{37}{100}\right)$

　　③$\frac{5}{1}$

9 ①$\frac{1}{4}$　　②$\frac{3}{5}$　　③$\frac{2}{3}$

　　④$\frac{5}{3}$　　⑤$1\frac{5}{8}$　　⑥$2\frac{3}{4}$

10 ①$\frac{4}{12}$, $\frac{3}{12}$　②$\frac{21}{28}$, $\frac{8}{28}$　③$1\frac{6}{9}$, $2\frac{4}{9}$

　　④$\frac{16}{24}$, $\frac{6}{24}$, $\frac{21}{24}$　⑤$\frac{50}{60}$, $\frac{28}{60}$, $\frac{27}{60}$

●アドバイス **8** ③ここでは $\frac{10}{2}$, $\frac{15}{3}$ など
も正解としますが，約分できるときは約分す
るようにしましょう。

9 分母と分子の最大公約数で約分すると，
1回で約分できます。

10 分母の最小公倍数を見つけると，いちば
ん小さい分母で通分できます。

⑧ 分数のたし算・ひき算① 19~20ページ

1 ①9　　　　②(左から順に)4, 2

2 ①7　　　　②(左から順に)3, 1

3 ⑦3　　　　①43

4 ⑦11　　　　①26

5 ①$\frac{5}{6}$　　②$\frac{23}{20}\left(1\frac{3}{20}\right)$

③$\frac{5}{6}$　　④$\frac{17}{30}$

⑤$\frac{2}{15}$　　⑥$\frac{13}{56}$

⑦$\frac{1}{2}$　　⑧$\frac{1}{6}$

⑨$2\frac{1}{18}\left(\frac{37}{18}\right)$　⑩$4\frac{13}{20}\left(\frac{93}{20}\right)$

⑪$\frac{4}{5}$　　⑫$\frac{7}{15}$

●アドバイス **5** ⑨~⑫帯分数のまま計算
しても，仮分数になおして計算してもかまい
ません。

⑨帯分数のまま計算すると，

$\frac{5}{6}+1\frac{2}{9}=\frac{15}{18}+1\frac{4}{18}=1\frac{19}{18}=2\frac{1}{18}$

仮分数になおして計算すると，

$\frac{5}{6}+1\frac{2}{9}=\frac{5}{6}+\frac{11}{9}=\frac{15}{18}+\frac{22}{18}=\frac{37}{18}$

⑨ 分数のたし算・ひき算② 21~22ページ

1 (それぞれ左から順に)
　　①23　　　　②10, 6, 1
　　③25, 30, 11
　　④50, 45, 16, 21, 7

2 ⑦9　　　　①0.9

3 (左から順に) 8, 24, 20, 4, 2

4 ①$\frac{19}{12}\left(1\frac{7}{12}\right)$　②$\frac{29}{20}\left(1\frac{9}{20}\right)$

　　③$\frac{5}{18}$　　④$\frac{1}{15}$

　　⑤$\frac{31}{36}$　　⑥$\frac{7}{8}$

5 ①0.8$\left(\frac{4}{5}\right)$　②$\frac{14}{15}$

　　③$\frac{5}{6}$　　④0.2$\left(\frac{1}{5}\right)$

　　⑤$\frac{13}{30}$　　⑥$\frac{7}{60}$

●アドバイス

5 ①，④小数にそろえても，分数にそろえ
ても計算できます。

　②，③，⑤，⑥小数にそろえることはでき
ないので，分数にそろえて計算します。

1 ① $\dfrac{3}{5}+\dfrac{2}{3}=\dfrac{9}{15}+\dfrac{10}{15}=\dfrac{19}{15}$

$\dfrac{19}{15}$km $\left(1\dfrac{4}{15}\text{km}\right)$

② $\dfrac{2}{3}-\dfrac{3}{5}=\dfrac{10}{15}-\dfrac{9}{15}=\dfrac{1}{15}$

駅のほうが $\dfrac{1}{15}$km近い

2 ① $\dfrac{5}{6}+0.7=\dfrac{23}{15}$　　$\dfrac{23}{15}$L $\left(1\dfrac{8}{15}\text{L}\right)$

② $\dfrac{5}{6}-0.7=\dfrac{2}{15}$

白いペンキのほうが $\dfrac{2}{15}$L多い

3 $\dfrac{3}{4}+\dfrac{5}{8}=\dfrac{11}{8}$　　$\dfrac{11}{8}$L $\left(1\dfrac{3}{8}\text{L}\right)$

4 $1\dfrac{1}{6}-\dfrac{1}{4}=\dfrac{11}{12}$　　$\dfrac{11}{12}$L

5 $0.6-\dfrac{7}{12}=\dfrac{1}{60}$

今日のほうが $\dfrac{1}{60}$dL多く使った

6 $\dfrac{1}{2}+\dfrac{3}{4}-\dfrac{3}{5}=\dfrac{13}{20}$　　$\dfrac{13}{20}$kg

⚠アドバイス **5** $\dfrac{7}{12}$dLと0.6dLの大きさを比べてから式を立てます。

6 図にかくと，下のようになります。

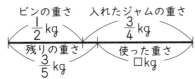

ビンの重さ $\dfrac{1}{2}$kg　入れたジャムの重さ $\dfrac{3}{4}$kg
残りの重さ $\dfrac{3}{5}$kg　使った重さ □kg

$\dfrac{1}{2}+\dfrac{3}{4}=\dfrac{5}{4}$, $\dfrac{5}{4}-\dfrac{3}{5}=\dfrac{13}{20}$としてもよいです。

【別解】

残ったジャムの重さは，

$\dfrac{3}{5}-\dfrac{1}{2}=\dfrac{1}{10}$(kg)

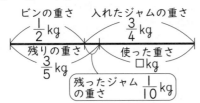

ビンの重さ $\dfrac{1}{2}$kg　入れたジャムの重さ $\dfrac{3}{4}$kg
残りの重さ $\dfrac{3}{5}$kg　使った重さ □kg
残ったジャムの重さ $\dfrac{1}{10}$kg

使ったジャムは，$\dfrac{3}{4}-\dfrac{1}{10}=\dfrac{13}{20}$(kg)

---

1 ①(28+31+34+27)÷4=30　30kg

②(2+4+0+1+5)÷5=2.4　2.4点

2 ①A…70÷20=3.5　3.5ひき

B…80÷25=3.2　3.2ひき

②A

3 (5+0+3+0+8)÷5=3.2　3.2人

4 15×30=450　450ページ

5 720÷90=8　8個

6 530000÷186=2849.4…

➡2800　（約）2800人

7 A…150÷6=25

B…240÷10=24　たまごB

⚠アドバイス **1** ②平均を求めるときは，0のときも個数に入れて考えるようにしましょう。

4 【合計＝平均×日数】で求められます。

5 【個数＝合計÷平均】で求められます。

---

1 195÷3=65　時速65km

2 2.7km=2700m

2700÷60=45　秒速45m

3 180×4=720　720m

4 175÷35=5　5時間

5 2時間30分=2.5時間

60×2.5=150　150km

6 156÷52=3　3時間

7 12km=12000m

12000÷250=48　48分

8 A…135÷3=45

B…96÷2=48　Bの電車

9 A…210÷6=35

B…240÷8=30　Aのポンプ

⚠アドバイス **5** 【道のり＝速さ×時間】で求められます。

6 【時間＝道のり÷速さ】で求められます。

1 6×5=30　　　　　　　　　30cm²

2 9×4÷2=18　　　　　　　　18cm²

3 (5+9)×3÷2=21　　　　　　21cm²

4 4×8÷2=16　　　　　　　　16cm²

5 ①4×7=28　　　　　　　　28cm²

　　②15×6÷2=45　　　　　　45cm²

　　③(3+8)×12÷2=66　　　　66cm²

　　④(4×2)×(7×2)÷2=56　　56cm²

6 ①6×7÷2+6×5÷2=36　　36cm²

　　②9×15-2×9=117　　　　117m²

⊘アドバイス **5** ①底辺を7cmや8cmとしないように注意しましょう。

②底辺を10cmの辺とすると，高さがわかりません。15cmの辺を底辺とすると，高さは6cmとなります。

③台形が横向きになった形と考えます。

④ひし形は，合同な直角三角形を4つ組み合わせた形だから，

　(7×4÷2)×4=56(cm²)

と求めることもできます。

6 ①底辺が6cmの2つの三角形を組み合わせた形と考えると，式は，答えのようになります。また，底辺が7+5=12(cm)，高さが6+3=9(cm)の三角形から，底辺が12cm，高さが3cmの三角形をひいた形と考えると，式は，

　12×9÷2-12×3÷2=36(cm²)

となります。

②たて9m，横15mの長方形から，底辺が2m，高さが9mの平行四辺形をひいた形と考えると，式は，答えのようになります。また，平行四辺形の部分をとりのぞいて，一つの長方形を作ると，式は，

　9×(15-2)=117(m²)

となります。

---

1 9÷12=0.75　　　　　　　0.75

2 60×0.8=48　　　　　　　48人

3 □×0.95=342

　　□=342÷0.95=360　　360人

4 ①46%　　②130%　　③87.5%

　　④0.72　　⑤0.009　　⑥1.5

5 360÷300=1.2

　　1.2×100=120　　　　　120%

6 80×0.45=36　　　　　　36さつ

7 あおいさんの所持金を□円とすると，

　　□×0.3=1800

　　□=1800÷0.3=6000　　6000円

8 8000×0.4=3200

　　8000-3200=4800　　　4800円

⊘アドバイス **4** 小数と百分率の関係は，次のようになります。

小数の割合	0.01	0.1	1
百分率	1%	10%	100%

③0.01が1%なので，0.001は0.1%となります。

⑤1%が0.01なので，0.1%は0.001となります。

5 【割合=比べられる量÷もとにする量】で求められます。割合が，1をこえることもあります。

6 【比べられる量=もとにする量×割合】で求められます。割合を小数にするのをわすれないようにしましょう。

7 もとにする量を求めるときは，もとにする量を□とおいて，比べられる量を求めるかけ算の式にあてはめます。

8 代金の割合を先に求めて，

　1-0.4=0.6

　8000×0.6=4800(円)

と求めることもできます。

<table>
<tr><td></td><td>③8×3.14＝25.12</td><td>25.12m</td></tr>
<tr><td></td><td>④4.5×2×3.14＝28.26</td><td>28.26m</td></tr>
</table>

5 ①この円の直径を□cmとすると，

　　□×3.14＝62.8

　　□＝62.8÷3.14＝20　　　　　20cm

　②この円の半径を□mとすると，

　　□×2×3.14＝37.68

　　□＝37.68÷6.28＝6　　　　　　6m

アドバイス **3** ②円のまわり360°を6

等分するので，360÷6＝60で，60°。

③円の中心のまわりを

60°ずつに等分する半径

をかいて，円と交わった

点を順に結びます。

5 求める長さを□cmや□mとして，公式

にあてはめましょう。

---

⑰ 角柱と円柱　　37～38ページ

1 ①底面　②側面　③頂点　④辺

2 ①円柱　②四角柱　③五角柱

3 ①三角柱　②垂直　③8cm

4

	三角柱	四角柱	五角柱	六角柱
底面の形	三角形	四角形	五角形	六角形
頂点の数	6	8	10	12
辺の数	9	12	15	18

5 ①三角柱　②点C，点I

6 ①円柱　②6cm　③12.56cm

アドバイス **2** 上下の2つの面の形から，

立体の名前を考えます。

3 ③底面に垂直な直線で，2つの底面には

さまれた部分の長さを，その角柱の高さとい

います。

4 底面とは，上下の2つの面のことで，頂

点とは，3つの辺の集まっている点のことで

す。表をたてに見たり，横に見たりして，き

まりがないか調べてみましょう。

6 ③2×2×3.14＝12.56（cm）

---

⑮ 帯グラフと円グラフ　　33～34ページ

1 ①35%　②20%

　③13%　④11%

2 ①（左から順に）46%，23%，20%

　②$\frac{1}{5}$　　　③2倍

3 ①（上から順に）

　　36，26，14，8，16，100

②
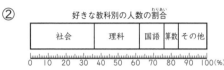

好きな教科別の人数の割合

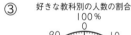

③
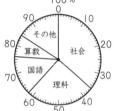

好きな教科別の人数の割合

④3.25倍　　　⑤$\frac{1}{2}$

アドバイス **2** ②インド洋の割合は20%

だから，インド洋は全体の，$\frac{20}{100}＝\frac{1}{5}$

3 ⑤36＋14＝50(%)➡$\frac{50}{100}＝\frac{1}{2}$

---

⑯ 正多角形と円周　　35～36ページ

1 ①正多角形　②正五角形　③正三角形

2 ①4×3.14＝12.56　　　12.56cm

　②2.5×2×3.14＝15.7　　　15.7cm

3 ①6等分

　②60°

　③

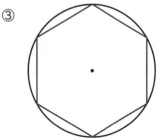

4 ①10×3.14＝31.4　　　31.4cm

　②7.5×2×3.14＝47.1　　　47.1cm

国 語

① 同じ読み方の漢字①　39〜40ページ

1 ①し ②しゅうせい ③かいとう

2 ①⑦応 ①任 ②⑦版 ①判
③⑦常 ①条 ⑨状

3 ①⑦効 ①聞 ②⑦飼 ①買
③⑦熱 ①厚 ④⑦表 ①現

4 ①寄港　②支持　③衛星
　　　　増　　　　　　　　水
　　　　港　　　　　　　　港

● アドバイス

1 ①①「意志」は「何かをしようとする気持ち」という意味の言葉です。
②②⑦「習性」は「習慣によって身についた性質」、①「修正」は「よくない点を直すこと」という意味の言葉です。
③⑦「解答」は「問題を解いて答えを出すこと・その答え」、①「回答」は「質問や要求に対して答えること・その答え」という意味の言葉です。

2 ②①「判定」は「物事を見分けて決めること」という意味の言葉です。
③①「条件」は「あることが成り立つのに必要な事がら」という意味の言葉です。

3 ③他に「気温が高い」の意味の「暑い」もあります。まとめて覚えておきましょう。

4 ①船がとちゅうの港に「寄る」ことから判断しましょう。
②「支持」は「賛成すること」という意味の言葉です。

② 同じ読み方の漢字②　41〜42ページ

1 ①ウ ②イ ③イ ④ア

2 ①⑦波 ①益 ②⑦祖 ①素
③⑦耕 ①鉱 ⑨興 ④⑦可 ①河 ⑨価

3 ①⑦正確 ①性格 ②⑦賛成 ①酸性
③⑦自体 ①事態

4 ①⑦写す ①移す ②⑦敗れる ①破れる
③⑦努める ①務める

● アドバイス

1 ①①「習慣」は「いつも行う決まったやり方」、②「快方」は「病気やけがだんだんよくなること」、③「規制」は「決まりにしたがって制限すること」、④「講演」は「題目を決めて大勢の人の前で話をすること」の意味です。④は「多くの観客の前で音楽・演劇・おどりなどを演じること」の意味の⑨「公演」とまちがえないように注意しましょう。

3 ③⑦「自体」は「そのもの。それ自身」の意味です。①「事態」は「物事の成り行き」の意味です。

4 ①⑦「写す」は「まねて書く」、①「移す」は「他のところへ動かす」、②⑦「敗れる」は「試合や勝負などに負ける」、①「破れる」は「紙や布などがさける」、③⑦「努める」は「一生けん命にがんばる」、①「務める」は「役目を受け持つ」の意味です。

③ いろいろな音・訓　43〜44ページ

1 ①イ ②ウ ③ア ④ウ

2 ①⑦りゅう ①る ②⑦さら ①さ
③⑦ぎつ ①ぞう

3 ①⑦り ①な ②⑦ま ①ぶ

4 ①イ ②イ ③ア ④イ ⑤ア ⑥ア

5 ①断る ②営む ③志す ④導く ⑤勢い

● アドバイス

1 どれも二つの音読みをもつ漢字です。①とイは「ク」、アは「く」、②とウは「エキ」、ア・イは「イ」、③とアは「コウ」、イ・ウは「キョウ」、④とウは「ベン」、ア・イは「ベン」と読みます。

2 ②①「再」には「二度めの期間」という意味があります。

3 ①と②は2つ以上の訓読みをもつ漢字です。②は送りがなで読み方を判断しましょう。

5 送りがなを、①「断わる」、②「営なむ」、③「志ざす」、④「導びく」、⑤「勢おい」としないようにそれぞれ注意しましょう。

5 組になって使われる言葉 47〜48ページ

4
⑤ 洗 ① か
な ② よ
し ③ だ
て ④ て
⑤ な

3
① な ② し ③ て ④ ある ⑤ い
だ か ら
ぜ

2
① が ② し ③ と ④ な が
だ か ら ら

1
① が ② し ③ と ④ な
だ か ら が
ら

1 「深」「青」は空だと意味を表すもので、「非礼」は「礼」を打ち消し、「とても」「非」は「とても」の意味で、「礼」を打ち消しています。

3 ⑦合わせた意味が似た意味を表すもの。
④上の漢字が下の漢字を修飾・説明するもの。
②上の漢字が動作を表し、下の漢字がその対象となるもの、他はその対象となるもの。
①上の漢字が下の漢字を修飾・説明するもの。他は動作・作用を表し、下の漢字がその対象となるもの。
③対になる漢字を組み合わせたもの。他は似た意味を表す漢字を組み合わせたもの。

2 ⑦カを加えて意味を強めます。⑧ウ「春の風」、⑨ウ「国が設立する」、オは「判断を増やす」、エは「高い」、①「無・非・不・未」などが言葉を打ち消し「熟」。

4 熟語の構成 45〜46ページ

アドバイス

1 ① イ ② オ ③ エ ④ ア ⑤ カ ⑥ ア ⑦ イ ⑧ エ ⑨ ウ

2 ① ウ ② ア ③ ウ ④ イ ⑤ オ ⑥ カ

3 ① 救命 ② ウ ③ ア ④ エ

4 ① 親友 ② 参着 ③ 県警
④ 深海 ⑤ 運送 ⑥ 非礼

---

5 漢字には音読みと訓読みがあります。
音読みは昔中国から日本に入ってきた漢字の読み方で、訓読みはその漢字の意味を表す日本語の言葉をあてた読み方です。
「和語」は、訓読みで読む言葉で、古くから日本で使われていた言葉です。
音読みの熟語は音で読みますが、似た意味を表す言葉を、

2 ① ウ・エ・オ〈順不同〉
② コ・カ・ク〈順不同〉
③ イ・サ・シ〈順不同〉
④ ア・キ・ケ〈順不同〉

3 ① みさき ② したく ③ さが
ら

4 ① 字定 ② 敗北 ③ 開結 ④
努力

5 ① 勢力 ② イ ③ ア

6 和語・漢語・外来語 49〜50ページ

4 ① 湖 ② 強 ③ 縦 ④ 選
すいめん こうすい たて えら
「湖」は水面がおだやかに決まった様子を表すことが多いようです。「強」「縦」は、それぞれ「強さ」「縦の長さ」を表す言葉です。「選」は「紅茶」などとあわせて「鏡」のように使われることが多いようです。

3 ① あわせて ② あらためて ③ あとで ④ いちばん
ひ
それぞれ「一」の文末の示す意味、「由来」を考えることが大切です。

2 ① 理由です。あとの文が、前の文の内容について、理由を述べています。
② 果が前の部分に述べられていて、前の内容にあたることがらがあとの部分に述べられています。
③ あとの部分に、前の内容から予想される内容が述べられています。
④ 前後の内容が逆になっていることから、逆の結

アドバイス

1 前後の内容のつながりを考えて言葉を選びます。
① 前の部分とあとの部分が自然につながるので、前後の内容から予想される内容が述べられています。
② 前の部分とあとの部分が逆になっていることから、逆の結

⑦ 複合語　51〜52ページ

1 ①通り過ぎる　②せま苦しい
③運動ぐつ　④話しづらい

2 ①たびだつ　②おりまげる
③てまどる　④むなさわぎ

3 ①風車・かざぐるま(ふうしゃ)
②船旅・ふなたび　③雨戸・あまど
④薬箱・くすりばこ
⑤国境・くにざかい(こっきょう)

4 ①食べる・終わる　②植える・木
③うすい・暗い　④消す・ゴム
⑤くやしい・なみだ　⑥似る・顔・絵

アドバイス

1 ①・②・④は、上の言葉の形が変わることに注目しましょう。また、③「ぐつ」、④「づらい」のように、下の言葉の発音が変わる(だく音になる)こともあるので注意します。

2 ④「むね」は「むな」と形が変わります。「むな」と変わる言葉には、他に「むな板」「むな元」などがあります。

3 それぞれ熟語になると、上か下の言葉の形や発音が変わるので、どこが変わるかを確かめておきましょう。

4 ②「植える＋木」は、熟語になると送りがなが省略されます。
④「消しゴム」のように、外来語(「ゴム」)と組み合わせた複合語もあります。
⑥三つ以上の言葉による複合語もあります。

⑧ 敬語　53〜54ページ

1 ①ウ　②ア　③イ

2 ①ごらんになる　②いただく　③めしあがる
④申しあげる　⑤いらっしゃる

3 ①イ　②イ　③ア　④イ

4 ①桜の花は散ってしまいました。
②このハンカチは、姉のものです。
　(このハンカチは、姉のものでございます。)

5 ①おっしゃった　②いただいた
③いらっしゃる

アドバイス

1 ①「いらっしゃいます」は、ていねい語です。
②「先生」の行動を高めて言うことによって、「先生」をうやまう気持ちを表します。
③身内である「妹」の行動をへりくだって言うことによって、「お客様」をうやまう気持ちを表します。

2 ①「ごらんになる」は尊敬語です。けんじょう語は「拝見する」です。
②・③「飲む」「食べる」は尊敬語とけんじょう語が共通です。「めしあがる」が尊敬語「いただく」がけんじょう語です。
④「申しあげる」はけんじょう語です。尊敬語は「おっしゃる」です。
⑤「いらっしゃる」は尊敬語です。けんじょう語は「おる」です。

3 ①イと③アはけんじょう語、②イと④イは尊敬語です。

5 ①・③相手や話題になっている人の動作・行動について言っているので、尊敬語に直します。①は、「〜た」の形で答えます。
②「もらう」のは話し手である「自分」の動作なので、けんじょう語に直します。

⑨ 方言と共通語　55〜56ページ

1 A 方言　B 共通語

2 ①イ　②ア　③ア　④イ　⑤ア

3 ①イ・ア・イ　②ア・イ

4 ①れいせい　②はなぢ　③じめん

5 ①つまずいて　②ちかぢか

アドバイス

1・2 方言と共通語の特ちょうを、二つを比べて確かめておきましょう。

4 ①「れいせい」、②「はな[ぢ]」、③「[ぢ]めん」とならないように注意しましょう。

5 ①「ず・づ」②「じ・ぢ」の使い分けです。まちがえやすいので注意しましょう。

アドバイス

2
①学校・行事のほう
②しょうへ
④正答もも（「」）付きでも
③こうふん（例）②大きなわだち。
①次の日

⑪ 物語の読み取り②　59〜60ページ

② 銃でうつ「……」などの部分の恐ろしさやこわさを表していますが、その部分のカギ（　）の様子から、その場面での様子から、指定の字数にあわせてまとめる。

① 初めてねらいをさだめた場面であることから、その場面での気持ちがあらわれている。「……」だから……と、前後のつながりから理由を推す。

④ 「」という表現があります。この場合は「おどろいて」といった、気持ちがあらわれている場面であることから、注目している部分に注目する。

はい見て、「」をしたことは「気をつけ」している気持ちがあらわれているのでしょう。

アドバイス

③（例）枯れ葉をふんだから。
②（例）おくびょうだったから。
①（例）うちがおちつかなかったから。
⑤おどろいて飛びたった音。
④（例）銃の発砲音。
③イ
②へ
①用心ぶかく

⑩ 物語の読み取り①　57〜58ページ

=== 左半分 ===

アドバイス

④（例）てっぽう（鉄砲）
③イ
②ウ
①面もしれないで測れるかもしれない力

2
①さまざまな形態や
②道具やエネルギー
③農具・武器
④産業機械
⑤経験（として）

1
①前後の内容から
②（例）便いやすい
　イ
③夫（丈夫）加工しやすい
④（例）てっぽう

⑫ 説明文の読み取り①　61〜62ページ

2
①・②「ちゃーしゅーめん」と行ってしまった、仲間へのしまった、仲間へのえがおから「手」を下ろして始めて元気を失くした、文章の終わりにある「次の日」とあります。この場面は前半と後半とで……

① そのあとにある部分の言葉から考えられます。実際に書かれている部分から、どのようなことがあったかがわかります。

アドバイス

⑤文章全体をとおして
④「ちゃーしゅーめん」
③（例）校庭で時と場所
②「次の日」とあります。後半とで、場面の変化をとらえて、書かれている前半と

1
①イ（時と場所）
②前半と

体的な表現の「⑤」という道具のうつりかわり

実的な内容を表す「⑤」ということが、前の部分の発展した内容を指す言葉で、「これ」という人間が使用する「石」の性質について述べていることを考えると、指し示すものから考えられます。便利さが具

2 ①直前に「経験した人」とあるので、「そうでない人」は、経験していない人を指します。「経験」の内容をとらえて答えましょう。

②直後の「ただし、……必要があります。」の文に注目。筆者の考え方を述べる言い方になっています。

④「わたしたち」が身につけるべき「実力」の内容を前の部分からとらえましょう。

13 説明文の読み取り② 63〜64ページ

1 ①読み手のこと

②目の前にいる

③修学旅行・報告書

④ウ

2 ①手紙など

②ア

③(1)例 相手が目上の人かどうか、ということ。

(2)例 相手が知っている人かどうか、ということ。

④敬語

● アドバイス

1 ①「途中までは……考えていた」ことを、「忘れてしまう」ということです。

④A君が望んでいたことや、報告書のねらいをとらえましょう。

2 ③直後の段落で「まず、……」と一つ挙げています。さらに、次の段落に注目します。

④「目上の人に対して書く」ときに、どんな言葉を使うか、前の段落からとらえます。

14 詩の読み取り 65〜66ページ

1 ①⑦秋 ①冬

②イ

③さよならを　くりかえし
さよならを　つみかさね

④ウ

2 ①太陽(光線)

②はっきりと

③お早う

④ウ

● アドバイス

1 ②ふつうの語順だと「なにか」は「(また)あらためて」よりも前にきます。語順を逆にして「なにか」を印象づけています。

④「またあえるね」といった「ただ」「また あらためて なにか／きょうも あるいてく」の部分に注目します。何かに「あいたい」という希望が伝わってきます。

2 ④「きよらか」は、心の美しさを表します。「よろこび」をもって「お早う」と言うことで「いの言葉より人間の一日ははじまる」とあることから「美しさ」の内容を考えましょう。

15 新聞記事や意見文の書き方 67〜68ページ

1 ①イ

②例 病気か

③例 年々増えているそうです(年々増えているということです)

④ふだん

2 ①例 ありますか(あるでしょうか)

②文章や

③たとえば

④例 第二に、情報が新しい点です。ウェブサイトは情報を新しく書きかえるのが簡単で、いつも最新の情報をすばやく発信できます。

● アドバイス

1 ①初めの段落で生活習慣病の例を挙げて「……児童が、年々増えています。」と書かれています。話題は、児童(小学生)の生活習慣病ですから、イが見出しとして適当です。

④文末の言い方に注目して、事実を述べた文と意見を述べた文とを区別しましょう。

2 意見文では、「インターネットの良い点」がメモにそって順に書かれています。

④「インターネットの良い点」の「第一に」の書き方にならって「第二に」と書き始めればよいでしょう。また、文末を「です・ます」調で書くことにも注意しましょう。

英 語

① 誕生日はいつ？／月の名前　69~70ページ

1 省略

2 ① June　② May　③ April
　④ December

3 ① イ　② エ　③ ア　④ ウ

4

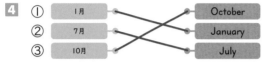

① 1月	October
② 7月	January
③ 10月	July

5 ① September　② November

6 birthday

読まれた英文

1 ① When is your birthday?
　② My birthday is in March.

2 ① June　② May
　③ April　④ December

3 ① November（11月）　② February（2月）
　③ September（9月）　④ August（8月）

◆アドバイス　**1** 相手に誕生日をたずねたり，自分の誕生月を答えたりできるようになりましょう。

2～**5** 月の言い方を覚えましょう。また，大文字で書き始めることにも注意しましょう。

6 birthday は「誕生日」という意味です。

② これできる？／動作を表す言葉　71~72ページ

1 省略

2 ① dance　② run　③ skate　④ cook

3 ① ウ　② ア　③ イ

4 ① イ　② ア

5 ① cook　② dance

6 can

読まれた英文

1 ① Can you play the piano?
　② Yes, I can.

2 ① dance　② run

③ skate　④ cook

3 ① A：Can you play tennis?（あなたはテニスができますか。）　B：Yes, I can.（はい，できます。）　② A：Can you sing well?（あなたは上手に歌えますか。）　B：Yes, I can.（はい，歌えます。）　③ A：Can you swim?（あなたは泳げますか。）　B：Yes, I can.（はい，泳げます。）

◆アドバイス　**1** Can you ～?とたずねられたら，できるときは Yes, I can.と，できないときは No, I can't.と答えます。

4 質問は，①「あなたはスケートをすることができますか。」，②「あなたは速く走れますか。」という意味です。

6 「わたしは～できます」と自分のできることを伝えるときは，I can ～.と言います。

③ これはだれ？／家族　73~74ページ

1 省略

2 ① father　② brother　③ sister
　④ mother

3 ① イ　② ア　③ イ

4

① 兄, 弟	grandmother
② 姉, 妹	grandfather
③ おじいちゃん	sister
④ おばあちゃん	brother

5 ① Who　② father

読まれた英文

1 ① Who is this?　② This is my mother.

2 ① father　② brother
　③ sister　④ mother

3 ①ア This is my grandmother.（これはわたしの祖母です。）イ This is my grandfather.（これはわたしの祖父です。）　②ア This is my sister.（これはわたしの妹[姉]です。）イ This is my brother.（これはわたしの弟[兄]です。）
③ア This is my mother.（これはわたしの母です。）イ This is my father.（これはわたしの父です。）

4 **好きな教科は何？／教科** 75~76 ページ

1 省略（しょうりゃく）

2 ① music ② science ③ P.E.
④ math

3 ① イ ② エ ③ ア ④ ウ

4 ① ア ② イ

5 ① Japanese ② English

6 music

読まれた英文

1 ① What subject do you like?
② I like English.

2 ① music ② science
③ P.E. ④ math

3 ① I like Japanese.
（わたしは国語が好きです。）
② I like music. （わたしは音楽が好きです。）
③ I like English. （わたしは英語が好きです。）
④ I like science. （わたしは理科が好きです。）

5 **公園はどこ？／建物など** 77~78 ページ

1 省略（しょうりゃく）

2 ① library ② hospital ③ museum
④ station

3 ① イ ② イ ③ イ

4 ① ア ② ア

5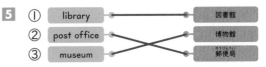
① library ── 図書館
② post office ── 博物館
③ museum ── 郵便局（ゆうびんきょく）

6 zoo

読まれた英文

1 ① Where is the park?
② Go straight and turn right.

2 ① library ② hospital
③ museum ④ station

3 ① Where is the zoo? （動物園はどこですか。）
② Where is the museum? （博物館はどこですか。） ③ Where is the post office? （郵便局（ゆうびんきょく）はどこですか。）

6 **何になりたい？／職業** 79~80 ページ

1 省略（しょうりゃく）

2 ① singer ② farmer ③ cook
④ doctor

3 ① イ ② ウ ③ ア ④ エ

4 ① doctor ② farmer

5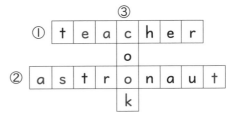

6 singer

1 ① What do you want to be?

② I want to be a teacher.

2 ① singer ② farmer

③ cook ④ doctor

3 ① I want to be a farmer. (わたしは農家の人になりたいです。) ② I want to be an astronaut. (わたしはうちゅう飛行士になりたいです。) ③ I want to be a doctor. (わたしは医者になりたいです。) ④ I want to be a cook. (わたしは料理人になりたいです。)

アドバイス **1** 将来つきたい職業をたずねる言い方や答え方を覚えましょう。

3 つきたい職業を言うときは，I want to be ～. を使います。

5 ①は teacher (先生)，②は astronaut (うちゅう飛行士)，③は cook (料理人) です。

6 職業を表す言葉を覚えて，自分の将来の夢を言ってみましょう。

7 何になさいますか？／食べ物 81~82ページ

1 省略

2 ① pizza ② soup ③ steak

④ spaghetti

3 ① イ ② ア ③ ア

4 ① ア ② イ

5 ① spaghetti ② sandwich

6 pizza

1 ① What would you like?

② I'd like an ice cream.

2 ① pizza ② soup

③ steak ④ spaghetti

3 ①ア I'd like a sandwich. (サンドイッチをお願いします。) イ I'd like spaghetti. (スパゲッティをお願いします。) ②ア I'd like an ice cream. (アイスクリームをお願いします。) イ I'd like soup. (スープをお願いします。)

③ア I'd like pizza. (ピザをお願いします。) イ I'd like steak. (ステーキをお願いします。)

アドバイス **1** 注文を取るときの言い方と，注文するときの言い方を覚えましょう。

4 What would you like? は「何になさいますか。」という意味です。①アは「オムレツをお願いします。」，イは「ハンバーガーをお願いします。」，②アは「サンドイッチをお願いします。」，イは「アイスクリームをお願いします。」という意味です。

8 どんな行事がある？／季節・いろいろな行事 83~84ページ

1 省略

2 ① fall ② winter ③ summer

④ spring

3 ① イ ② エ ③ ウ ④ ア

4 ① We have New Year's Day in winter.

② We have the Dolls' Festival in spring.

③ We have Halloween in fall.

1 ① We have fireworks in summer.

② That's nice.

2 ① fall ② winter ③ summer

④ spring

3 ① Halloween (ハロウィーン) ② New Year's Day (正月) ③ Dolls' Festival (ひな祭り) ④ fireworks (花火)

アドバイス **1** ①それぞれの季節にどんな行事があるかを，英語でしょうかいできるようになりましょう。

2 季節を表す言葉は，大文字ではなく，小文字で書き始めることにも注意しましょう。

4 英文は，①「冬には正月があります。」，②「春にはひな祭りがあります。」，③「秋にはハロウィーンがあります。」という意味です。

社 会

1 日本の国土と地形の特色　85~86ページ

1 ①ユーラシア大陸，エ
　②⑦緯度　①経度
　③B経線　C緯線

2 ①ア中国(中華人民共和国)
　　　イ韓国(大韓民国)
　②A日本海　B太平洋
　③北方領土
　④ウ南鳥島　エ与那国島

3 ①ア奥羽山脈　イ紀伊山地　ウ中国山地
　②エ信濃川　オ利根川
　③カ関東平野　キ琵琶湖
　④日本アルプス(日本の屋根)
　⑤火山(活火山)

4 ①高原
　②盆地
　③山地

○アドバイス **1** ①アは南アメリカ大陸,
イはアフリカ大陸，ウは北アメリカ大陸にあ
ります。
2 ③択捉島，国後島，色丹島，歯舞群島を
まとめて北方領土とよびます。
3 ④3つの山脈とは，北から飛騨山脈，木
曽山脈，赤石山脈です。
4 ③日本の国土の約4分の3は山地です。
約4分の1の平地に多くの人が住んでいます。

2 日本の気候の特色とくらし　87~88ページ

1 ①Aイ　Bオ　Cエ　Dア　Eカ　Fウ
　②あア　いイ　うウ
　③Y

2 ①四季
　②つゆ(梅雨)
　③台風

3 ①⑦石がき　①かわら

②例森林が少なく，大きな川もないため。
　③二重　④イ

4 ①ウ　②冬
　③電灯(電灯の明かり)
　④さとうきび

○アドバイス **1** ②アは札幌市，イは静岡
市，ウは那覇市の気候グラフです。
2 ②・③6月~7月にかけて，主に北海道
以外の地域ではつゆがあり，夏から秋にかけ
ては日本の南から台風が多くやってきます。
3 ②大きな川が少なく，森林も少ないと，
雨がふってもすぐに海に流れてしまいます。
③寒さのきびしい北海道の家では，かべやゆ
かに断熱材を入れることも多いです。
4 ①群馬県や長野県の高原では，夏でもす
ずしい気候を利用して，キャベツやレタスな
どの高原野菜をつくっています。③ビニール
ハウスの中で，さく時期を電灯で調整するの
で，電照ぎくとよばれています。

3 稲作・畑作・畜産のさかんな地域　89~90ページ

1 ①Aイ　Bオ　Cエ　Dウ
　②D
　③Bトラクター　Cコンバイン
　④耕地整理(ほ場整備)

2 ①減ってきている。
　　　理由例洋食を食べることが増えたから。
　②生産調整(減反政策)
　③転作

3 ①ほうれんそう　②ビニールハウス
　③りんご　青森県　みかん　和歌山県
　④りんご　すずしい地域
　　　みかん　あたたかい地域

4 ①北海道地方，関東地方，九州地方〈順
　　　不同〉
　②A北海道　B鹿児島県

○アドバイス **1** ②米づくりでは，田植え
のあとに水を入れたり，ぬいたり，水の深さ

を調節したりすることが大切です。

2 ①1990年代までは，米の消費量が生産量を下回り，米が余っていました。

3 ①ほうれんそうはいたみやすい野菜なので，大消費地に近く，すぐにとどけられる地域で生産がさかんです。④りんごは北の方の県が上位に，みかんは南の方の県が上位にきていることからわかります。

④ 水産業とこれからの食料生産　91~92ページ

1 ①A遠洋漁業　B沖合漁業
　　C沿岸漁業
②養しょく業(養しょく漁業)
③遠洋漁業
④**例**各国が200海里水域を定めて他国の
　漁を制限したから。

2 ①さいばい漁業
②養しょく業(養しょく漁業)
③イ，オ〈順不同〉

3 ①A消費　B生産
②米ア　野菜イ　肉類ウ
③**例**安い外国産の食料品が多く輸入される
　ようになったから。
④**例**輸入先の国で事故や災害があったと
　きに，輸入できなくなる。
⑤地産地消

4 ①トレーサビリティ
②A農薬　B化学肥料

◆アドバイス **1** ②養しょく業は，とる漁業よりも安定した生産ができます。④各国が200海里水域を設定したため，日本の遠洋漁業は，外国の海で自由に漁ができなくなりました。
2 ③えさの食べ残しで，海がよごれることも問題です。
3 ⑤それぞれの地域で続けてきた食料生産を大事にして，地元でとれた食料をいかしていく取り組みです。

⑤ くらしを支える工業生産　93~94ページ

1 ①Aウ　Bエ　Cア　Dイ
②ロボット
③コンベヤー(ベルトコンベヤー)
④関連工場(部品工場)
⑤イ→ア→エ→ウ

2 ①現地生産(海外生産)
②燃料電池自動車

3 ①中京工業地帯
②A関東内陸工業地域
　B瀬戸内工業地域
　C中京工業地帯
　D京浜工業地帯
　E京葉工業地域
　F東海工業地域
　G北九州工業地域(地帯)
　H阪神工業地帯
③太平洋ベルト

◆アドバイス **1** ①アはようせつ，イはプレス，ウは組み立て，エはとそうの作業の様子です。④関連工場は，組み立て工場が組み立てる作業に合わせて，必要な数の部品をつくってとどけます。
2 ①外国との貿易まさつの問題を解決するために行われるようになりました。
3 ②G北九州工業地域は，現在は機械工業のわりあいが高くなっています。

⑥ いろいろな工業，運輸と貿易　95~96ページ

1 ①⑦家具　⑦チーズ　⑦カメラ
　　⑦ティッシュペーパー
　　⑦台所用洗ざい
②⑦重化学工業　⑦軽工業

2 ①**例**海ぞいにつくられている。
②A鉄鉱石　Bコークス
③**例**外国から輸入している。
④記号ア　理由**例**せんい工業や食料品工

132

業のわりあいが高くなっているから。

3 ①自動車

②ウ

③Ⓐ船　Ⓑ自動車　Ⓒ飛行機

　Ⓓ鉄道

4 ①中国(中華人民共和国)

②ア

③Ｂイ　Ｃウ　Ｄイ　Ｅア

🅿️アドバイス　**1** ①家具はその他の工業，チーズは食料品工業，カメラは機械工業，ティッシュペーパーはその他の工業，台所用洗ざいは化学工業の製品です。

2 ①原料である鉄鉱石や石炭は，船で海外から運ばれてくるため，製鉄所は海ぞいの広い土地につくられます。④食料品工業やせんい工業では，工場の多くが中小工場です。

3 ②高速道路やトラックターミナルが整備され，トラックによる輸送わりあいがのびました。

4 ①日本の最大の貿易相手国は，輸出・輸入とも中国です。②日本は，アジアの国々と多く貿易を行っています。③昔と比べて，機械類の輸入が多くなっていますが，原料や燃料となる石油や液化ガスの輸入も上位をしめています。

---

7 わたしたちの生活と情報 97~98ページ

1 ①マスメディア(メディア)

②Ⓐエ　Ⓑウ

　Ⓒア　Ⓓイ

2 ①Ⓐウ　Ⓑイ　Ⓒア　Ⓓエ

②ウ→エ→イ→ア

3 ①インターネット

②イ，エ〈順不同〉

③POSシステム

④例売れた商品や数などが記録される。

⑤電子マネー

4 ①ウ

---

②メディアリテラシー(情報リテラシー)

🅿️アドバイス　**1** ②イのラジオは，災害などで停電になったときに情報を得るのにも便利です。

2 ①ウの編集会議で，編集長はみんなと話し合って，どんな情報を放送するかを考えたり，情報を伝える順番を決めたりします。

3 ⑤あらかじめ入金したカードやスマートフォンなどで，現金の代わりに支払いができます。

4 ②今日の情報社会では，どうしても必要な能力だといわれています。

---

8 日本と世界の環境 99~100ページ

1 ①ハザードマップ(防災マップ)

②緊急地震速報

③津波ひなんタワー

④砂防ダム

⑤例岩石や火山灰，有毒ガスなどがふき出す。

2 ①Ａ３(分の)２　Ｂ人工林

②例水をたくわえる。きれいな水を生み出す。空気をきれいにする。動物のすみかになる。など

③間ばつ

④例発電のための燃料にしている。

3 ①ラムサール条約

②Ⓐ白神山地，イ　Ⓑ知床，ア

　Ⓒ小笠原諸島，ウ　Ⓓ屋久島，エ

4 ①Ⓐイ　Ⓑエ　Ⓒウ

②㋐イタイイタイ病

　㋑四日市ぜんそく

③環境省

🅿️アドバイス　**4** ①・②水俣病は，化学工場から出た有機水銀におせんされた魚や貝を食べたことが原因でした。③1971年に環境庁としてつくられました。環境を守る取り組みを定めた法律として環境基本法があります。

理 科

① 種子の発芽と成長　101~102ページ

1 ①子葉　　②イ　　③でんぷん
④例（ふくまれていた）でんぷんが（発芽に使われて）なくなったから。

2 ①Ⓐ水　　Ⓑ空気　　Ⓒ適当な温度
②イ，オ

3 ①肥料　　②日光
③イ　　④ウ　　⑤Ⓒ

4 ①多いに○
②太くに○

🖉アドバイス　**1**　②③イの子葉にはでんぷんがあるため，ヨウ素液をつけると青むらさき色に変化します。
④子葉のでんぷんは，種子が発芽するための養分として使われるので，発芽後しばらくすると，でんぷんはなくなります。

2　①種子の発芽には，水，空気，適当な温度が必要です。アには水がなく，イでは水があるので，アとイでは発芽に水が必要かどうかを調べることができます。イとウでは空気が必要かどうか，エとオでは適当な温度が必要かどうかを調べています。

3　4　植物がよく成長するには肥料や日光が必要です。日光が当たらないと，インゲンマメなどの植物の葉はしだいに黄色くなります。

② 天気の変化，台風　103~104ページ

1 ①雲　　②B→C→A
③くもりか雨
④西，東，西，東

2 ①アメダス，雨量（降水量）
②雨，積らん

3 ①台風　　②C→B→A
③雨の量　…多くなる（増える）。
　風の強さ…強くなる。

4 ①ア
②例こう水，土しゃくずれ，建物や木などがたおされる。（どれか1つ書けていればよい。）

🖉アドバイス　**1**　②④日本付近の雲は西から東へと動いていくので，天気も西から東へと変わっていきます。

2　①アメダスによって集められた全国各地のデータから，雨がふっている地いきや雨量がわかる雨量（降水量）情報がつくられます。
②積らん雲は，高くまで広がる雲で，かみなりを発生させたり，強い雨をふらせたりします。

3　③台風が近づくと，強い風がふき，雨が大量にふります。

4　①台風は，日本の南の海上で発生し，はじめは西に進みますが，その後，多くは北や東に進みます。

③ 実や種子のでき方　105~106ページ

1 ①アサガオ　めしべ…ウ　おしべ…イ
　　ヘチマ　　めしべ…ク　おしべ…コ
②がく　　③花粉　　④受粉
⑤アサガオ…Ⓑ　　ヘチマ…Ⓒ
⑥エ

2 ①イ　　②花粉　　③ついている。

3 ①例花粉が運ばれてきて，めしべの先につかないようにするため。
②ⓘ
③例めしべの先に花粉がつくこと（が必要）。（受粉することが必要でもよい。）

🖉アドバイス　**1**　おしべから出た花粉がめしべの先につくと，やがてめしべのもとの部分が成長して実になります。
　植物には，アサガオのように1つの花にめしべとおしべの両方があるものと，ヘチマのようにめばな（めしべがある）とおばな（おしべがある）に分かれているものがあります。

2 アサガオは，花が開く直前に，自分のおしべの花粉がめしべの先につきます。

3 ①ふくろをかぶせるのは，ほかのアサガオの花の花粉がつかないようにするためです。②イのように，おしべをすべてとりのぞいてふくろをかぶせたままにすると，花粉がめしべの先につかないため，実ができません。

④ 魚や人のたんじょう　107~108ページ

1 ①めす　　②せびれ，しりびれ
　③受精　　④受精卵

2 ①D→B→C→A　　②B
　③例はらのふくろにある養分を使うから。

3 ①ウ　　②イ

4 ①受精
　②①でできた卵…受精卵
　　大きさ…約0.14mm
　③子宮（のかべ）

5 ①⑦たいばん　①へそのお　⑦羊水
　②例外からのしょうげきから子どもを守るはたらき。
　③養分（または酸素）

アドバイス **1** ①②せびれに切れこみがあり，しりびれが大きく平行四辺形の形をしているのがおすです。

2 ①②Dは，受精直後のようすです。Bは約4～7日後のようすで，目が黒くなり，心ぞうができ始めます。Cは約8～10日後で，たまごの中でよく動きます。Aは約11～13日後で，たまごのまくをやぶって出てきた子メダカのようすです。
③たまごからかえったばかりの子メダカは，ふくらんだはらの中の養分を使って育つので，2～3日はえさを食べず，じっとして動きません。

3 解ぼうけんび鏡は日光が直接当たらない明るいところに置き，観察するものが明るく見えるよう，反しゃ鏡を動かしてから観察し

ます。

4 人の受精卵は母親の子宮の中で成長し，約38週間たつと赤ちゃんが生まれてきます。

5 子宮の中の子どもは，へそのおを通して母親から養分などをもらって育ちます。

⑤ 流れる水のはたらき　109~110ページ

1 ①⑦しん食　①運ぱん　⑦たい積
　②ア

2 ①水の速さ　…速い。
　　みぞの深さ…深い。
　②Ⓐア　　Ⓑイ
　③たい積（のはたらき）　　④ウ

3 ①⑦A　　①C
　　⑦C　　①A
　②⑭C　　⑮A

4 ①Ⓐウ　　Ⓑア
　②（こう水）ハザードマップ

アドバイス **1** しん食や運ぱんのはたらきは水の流れの速いところで大きく，たい積のはたらきは水の流れのおそいところで大きくなります。

2 ①しゃ面が急なところでは水の流れが速いので，水が土をけずるはたらきやおし流すはたらきが大きく，みぞは深くなります。

3 山の中では土地のかたむきが大きく，大きな石が見られます。平地や海の近くでは，川はばが広くなり，広い川原ができます。

4 ①川の水による災害に備えるため，すなや石が一度に流されるのを防ぐさ防ダム（Ⓐ）や，川の水があふれるのを防ぐてい防（Ⓑ）がつくられています。

⑥ もののとけ方　111~112ページ

1 ①水よう液　　②165g

2 ①食塩　　②ア○　　イ△
　③ウ
　④ミョウバン，食塩に○

135

3 ①ウ

②例液をガラスぼうに伝わらせて注いで
いない。

例ろうとの先の長いほうがビーカーの
内側のかべについていない。

③例食塩は，水の温度によってとける量
はあまり変化しないから。

④例（水よう液を熱して）水をじょう発
させる。

4 ①イ　　　②53mL

えなくなっても，なくなったわけではありま
せん。そのため，全体の重さは変わりません。

2 ②40℃，50mLの水には，食塩はスプ
ーンで6はいとけますが，ミョウバンは4は
いしかとけません。

3 ①ミョウバンは，水よう液の温度が下が
るととける量が少なくなるので，とけきれな
くなった分がつぶとなって出てきます。

③④食塩は水よう液の温度が下がっても，と
ける量はほとんど変わりません。食塩の水よ
う液から食塩のつぶをとり出すには，水よう
液を熱したりして水をじょう発させます。

4 メスシリンダーの目もりを読むときは，
液面を真横から見て，液面のへこんだ部分の
目もりを読みとります。

⑦ ふりこのきまり 113~114ページ

1 ①イ　　　②ふれはば

③ウに○　④1.4秒

2 ウ

3 ①⑦A（と）C　　⑦A（と）B

⑦A（と）D

②C　　　③ふりこの長さ

④短くなっている。

4 ①速くなる。

②例ふりこの長さが短くなって，1往復
する時間が短くなるため。

この糸をつるす点（支点）から，おもりの中
心までです。

④1~3回目の10往復する時間の平均は
（14.1＋13.8＋14.1）÷3＝14.0（秒）な
ので，1往復する時間の平均は，14.0÷
10＝1.4（秒）と求められます。

2 ふりこのおもりの重さを変えても，1往
復する時間は変わりません。

3 ②③④ふりこの長さが長いほど，ふりこ
が1往復する時間は長くなります。

4 メトロノームでは，支点が下に，おもり
が上にあります。おもりの位置を下げると，
支点とおもりの間の長さが短くなるので，1
往復する時間が短くなります。

⑧ 電磁石 115~116ページ

1 ①イ　　　②イ

③ウ　　　④ウ

2 ①導線のまき数，導線の全部の長さ

②例調べる条件以外のものは同じにしな
いと正しい結果が出ないから。
（流れる電流の大きさを同じにするた
めでもよい。）

③(1)アに○　　(2)アに○

④多い，大きい

ているときだけ磁石になり，電流が流れなく
なると磁石のはたらきはなくなります。

③かん電池の向きを変えると電磁石の極が変
わり，方位磁針のはりのふれる向きも変わり
ます。

2 ①②変える条件以外の条件は，すべて同
じにしておきます。

③④電磁石は，電流を大きくすると強くなり，
また，導線のまき数を多くすると強くなりま
す。